Probleme umwandeln

Probleme umwandeln

Wie du glücklich sein kannst, wenn du es nicht bist

Lama Zopa Rinpoche

Eine Unterweisung auf der Grundlage des Textes von
Dodrupchen Rinpoche, Jigme Tenpei Nyima,
Wie man Glück und Leid in den Pfad zur Erleuchtung umwandelt

Herausgegeben von Ailsa Cameron und Robina Courtin

Aus dem Englischen übertragen von
Gabriele Hildebrandt und Claudia Wellnitz

Mit einer Einführung von Sylvia Wetzel

Diamant Verlag Arnstorf

CIP-Kurztitelaufnahme der Deutschen Bibliothek

Thub-bstan-gtso-pa:
Probleme umwandeln: wie du glücklich sein kannst, wenn du es nicht bist; eine Unterweisung auf der Grundlage des Textes von Dodrupchen Rinpoche, Jigme Tenpei Nyima, Wie man Glück und Leid in den Pfad zur Erleuchtung umwandelt / Zopa Rinpoche. Hrsg. von Ailsa Cameron und Robina Courtin. Aus dem Engl. übertr. von Gabriele Hildebrandt und Claudia Wellnitz. Mit einer Einf. von Sylvia Wetzel. - Arnstorf: Diamant-Verl., 1993.
Einheitssachtitel: Transforming problems into happiness <dt.>
ISBN 3-924045-08-9

Aus dem Englischen übertragen von Gabriele Hildebrandt und Claudia Wellnitz
Titel der Originalausgabe: Transforming Problems into Happiness
Wisdom Publications Boston 1993

Titelfoto: TIBET IMAGE BANK *Buddhas Footsteps in Bodhgaya*
© Tushita / Heiko Rah
Foto S. 7: *Lama Zopa Rinpoche* © Clive Arrowsmith, London 1990
Kapitelfotos S. 16, 22, 34, 42, 54, 74, 84 © Jacques Alliod, München
Foto S. 94: *Chenrezig* © Brian Beresford
Foto Rückseite: *Lama Zopa Rinpoche in Lawudo,* Ehrw. Roger Kunsang

ISBN 3-924045-08-9

1. Auflage 1993

Holzhamer Str. 5, D–94424 Arnstorf
Satz/Layout: Sonja Weigold Kommunikationsdesign, München
Ausbelichtung: Fotosatz Lenk, Obergriesbach
Druck/Repro/Buchbindung: Verlag F. Steinmeier, Nördlingen

Inhalt

Vorwort der Herausgeberinnen *8*

Einführung *11*

1 Der Sinn des Lebens *17*

2 Eine andere Einstellung zu Problemen entwickeln *23*

3 Glück und Leid werden vom eigenen Geist erschaffen *35*

4 Die Nachteile von Ärger und Verlangen *43*

5 Deine Probleme als Pfad nehmen *55*

6 Deine Probleme für andere erfahren *75*

7 Der Herzensrat *85*

ANHANG

Der Grundlagen-Text *95*

Glossar *110*

Literaturhinweise *117*

Mögen alle Wesen höchstes Glück erfahren.

Lama Zopa Rinpoche

Vorwort der Herausgeberinnen

Im Oktober 1987 gab Lama Thubten Zopa Rinpoche im Mahamudra Zentrum in Neuseeland diesen Kommentar zu einem kurzen Text zur Gedankenumwandlung mit dem Titel „Wie man Glück und Leid in den Pfad zur Erleuchtung umwandelt". Dieser vom Dritten Dodrupchen Rinpoche, Jigme Tenpei Nyima (1865-1926), einem bedeutenden Lama der Nyingma-Tradition des tibetischen Buddhismus verfaßte Text fußt auf verschiedenen Mahayana-Unterweisungen, insbesondere auf denen zweier der bedeutendsten indischen Meister, Nagarjunas „Ratnamala" (Der kostbare Kranz) und Shantidevas „Bodhicaryavatara" (Wegweiser zur Lebensweise eines Bodhisattvas).

Die Belehrungen zur „Gedankenumwandlung" wurden im zehnten Jahrhundert von dem großen Meister Atisha nach Tibet gebracht. Für seine Nachfolger, die Kadampas, wurden sie zum Kernpunkt ihrer Praxis und sind auch heute noch die wesentlichsten Meditationen aller Mahayana-Yogis.

Gedankenumwandlung (lo-jong) ist eine besonders kraftvolle und effektive Methode zur Entwicklung von Bodhicitta, der altruistischen Einstellung des Bodhisattvas. Bodhisattvas lernen, sich selbst vollständig aufzugeben, um sich ausschließlich für das Wohl der anderen einsetzen zu können und alle Lebewesen zum höchsten Glück der Erleuchtung zu führen.

In diesem Buch erklärt Lama Zopa Rinpoche einen Aspekt der Gedankenumwandlung, nämlich wie man Probleme in Glück umwandelt. Als Grundlage seiner Ausführungen dient ihm der erste Teil des Textes von Jigme Tenpei Nyima sowie der Abschnitt über Gedankenumwandlung in Pabongka Rinpoches Text zum Stufenweg zur Erleuchtung (Liberation in the Palm of your Hand). Lama Zopa stellt auf einfache und sehr direkte Weise die Ursachen für die Probleme unseres Lebens dar. Da Schwierigkeiten im Leben jedoch unvermeidlich sind, erklärt er, wie wir sie als etwas Nützliches wahrnehmen und sie dadurch allmählich in Glück und in den Pfad zur Erleuchtung umwandeln können.

Lama Zopa Rinpoche wurde 1946 in Solu Khumbu, Nepal, geboren und im Alter von drei Jahren als die Reinkarnation des Lawudo Lama, eines großen Meditationsmeisters dieser Gegend, anerkannt. Rinpoche legte die Mönchsgelübde ab und erhielt eine Ausbildung in verschiedenen Klöstern Tibets und Nepals.

1959 flüchtete Rinpoche nach Indien und setzte seine Studien im tibetischen Flüchtlingslager in Buxa Duar, Nordindien, fort. Schon nach kurzer Zeit traf er dort Lama Thubten Yeshe, erhielt Belehrungen von ihm und blieb von da an als dessen Hauptschüler bei ihm.

1970 begann Rinpoche zu lehren. Er leitete den ersten Meditationskurs für westliche Schüler im Kloster Kopan, das von den Lamas in der Nähe von Buddhanath im Tal von Kathmandu gegründet worden war. Er und Lama Yeshe wurden bald darauf von ihrer stetig wachsenden Anzahl von Schülern in den Westen eingeladen und begannen regelmäßig um die Welt zu reisen, um zu lehren. Die beiden Lamas blieben zusammen, bis Lama Yeshe im März 1984 verschied. Zwei Jahre später wurde Lama Yeshes Reinkarnation, Tenzin Osel Rinpoche, ein Sohn spanischer Eltern, von Seiner Heiligkeit dem Dalai Lama formal anerkannt.

Lama Zopa Rinpoche ist nun der spirituelle Leiter der Stiftung zur Erhaltung der Mahayana-Tradition (FPMT), einer Dachorganisation jener Zentren und Aktivitäten, die von den Schülern der beiden Lamas in Asien, Europa, Amerika, Australien und Neuseeland begründet wurden. Mittlerweile gibt es mehr als sechzig solcher Zentren.

Rinpoche reist ständig um die Welt, um seine Zentren zu besuchen und seine tausende von Schülern zu unterweisen. Er ist bekannt dafür, selbst ein vollkommenes Beispiel für seine Belehrungen zu sein. In seiner unermüdlichen, von größtem Mitgefühl getragenen Arbeit für andere manifestieren sich alle guten Eigenschaften eines Bodhisattvas.

Für viele Menschen haben sich seine Belehrungen bereits als große Hilfe in ihrem Leben erwiesen. Wir hoffen, daß dieses Buch dazu beiträgt, noch mehr Menschen zu ermöglichen, den Ursprung ihrer Probleme zu verstehen und sie in Glück zu verwandeln.

Ailsa Cameron, Robina Courtin
Hong Kong, November 1992

Der Diamant Verlag entstand aus der Arbeit des 1981 gegründeten Aryatara Instituts, das unter der Leitung von Lama Thubten Zopa Rinpoche steht. Wir sind sehr froh, daß wir nun mit dieser Ausgabe endlich ein deutsches Buch unseres spirituellen Leiters vorlegen können. Lama Zopa hält seine Belehrungen auf Englisch und hat manchmal einen etwas unorthodoxen Sprachgebrauch. Dies und unsere Nachlässigkeit haben wohl dazu geführt, daß es bisher zwar zahlreiche Tonbandabschriften seiner Belehrungen gibt, aber selbst in englischer Sprache kaum etwas in Buchform vorliegt. Dies soll sich in Zukunft ändern!

Die vorliegende Ausgabe ist eine deutsche Überarbeitung der Tonbandabschrift und unterscheidet sich geringfügig von der englischen Fassung. Die Sprache ist einfach und direkt, es wurde versucht, Lama Zopa Rinpoches persönlichen Stil so weit wie möglich beizubehalten.

Wir haben uns entschlossen, den von Lama Zopa kommentierten Text von Jigme Tenpei Nyima anzufügen. Obwohl der Kommentar dem Grundlagen-Text nicht Wort für Wort folgt und nicht alle Punkte behandelt, kann dieser doch als eine sehr nützliche Gedächtnisstütze dienen, wenn man sich in der Meditation die einzelnen Punkte der Belehrung kurz in Erinnerung rufen möchte.

Wir wünschen unseren Leserinnen und Lesern, daß die wertvollen Lehren dieses Buches ihr tägliches Leben bereichern und ihnen helfen, entspannter, freier und glücklicher zu werden.

Claudia Wellnitz
Arnstorf, Mai 1993

Einführung

Es ist nicht einfach, unsere alltäglichen Probleme so zu verarbeiten, daß sie uns Einsichten und manchmal sogar Glück schenken. Es fällt uns leicht, uns über angenehme Klänge, schöne Gespräche, nette Menschen, gutes Essen und schöne Gedanken zu freuen. Es fällt uns ebenfalls leicht, uns über Kälte, Hitze, verdorbenes Essen, Lärm, unhöfliche und rücksichtslose Menschen oder über uns selbst zu ärgern. Probleme anzunehmen und sie in Einsicht und Glück zu verwandeln, ist nicht so einfach. Dazu gehört ein tiefes Verständnis für Wahrnehmungsprozesse und Projektionen. Wir müssen begreifen, daß unsere aktuelle Befindlichkeit, unser inneres Klima, unsere Stimmungen und unsere eingeschliffenen Gewohnheiten und Wertvorstellungen jeden Wahrnehmungsprozeß entscheidend strukturieren. Der Buddhismus erklärt unsere eigene Haltung als die primäre Ursache einer angenehmen oder unangenehmen Erfahrung. Die äußeren Umstände sind dieser Erklärung zufolge lediglich sekundäre Bedingungen, die bestimmte Erfahrungen auslösen, nicht aber verursachen. Sind wir entspannt und zufrieden, weckt ein grobes Wort oder eine rücksichtslose Geste kaum Ärger, sondern eher Mitgefühl für die Person, der es so schlecht geht, daß sie ihre Stimmung an uns abreagieren muß. In guten Phasen entdecken wir häufig, daß die anderen überraschend freundlich und entgegenkommend sind, und daß wir auch mit schwierigen Umständen – Geldmangel, einer Reifenpanne, Krankheit usw. – ganz gut umgehen können.

In der buddhistischen Tradition geht man davon aus, daß man Geduld und Kreativität im Umgang mit schwierigen Situationen lernen kann; sie werden in den Lehren zur Gedankenumwandlung systematisch gelehrt. Lama Thubten Zopa Rinpoche ist ein Meister der Gedankenumwandlung. Wenn wir seine Lehren geschickt auf unser Leben beziehen und anwenden, können wir mit der Zeit überflüssiges Leiden abbauen. Solange wir uns gegen unabänderliches Leiden – Krankheit, Alter, körperliche Schmerzen, Verlust, Tod usw. – wehren, verstärken wir es nur. Wenn wir uns in der Abwehr widriger Umstände und im Kampf für günstige äußere Bedingungen aufreiben, vernachlässigen wir den Hauptfaktor für unser Glück, unsere grundlegende Intelligenz, Kraft und Lebensfreude, die in der offenen, klaren und unbegrenzten Natur unseres Geistes begründet liegen. Sie wird in der Tradition Buddha-Natur genannt.

Wir brauchen tiefes Vertrauen in unsere grundlegende Intelligenz, Klarheit und Offenheit und direkte Erfahrungen von Freude, die nicht von äußeren Bedingungen wie Menschen, Situationen und Dingen abhängen, sondern durch Entspannung, Konzentration und Klarheit entstehen. Durch eine gewisse Vertrautheit mit unserer Fähigkeit zur Freude, haben wir den Mut, die Kraft und die Gelassenheit, widrige Umstände nicht einfach abzuwehren oder ihre Ursachen auf andere zu projizieren, sondern sie durch gezielte Überlegungen so umzuwandeln, daß sie unsere Einsicht in bedingtes Entstehen und in die Leerheit aller Phänomene von Selbstexistenz unterstützen. Alles, was es gibt, ist einfach so wie es ist. Alles ist leer von den Vorstellungen, die wir den Dingen, Situationen und Menschen überstülpen, leer von Werten, die wir ihnen zuschreiben. Jede Einsicht in die damit gegebene Offenheit aller Situationen stärkt unsere Einsicht in das bedingte Entstehen aller Situationen und Konstellationen und umgekehrt. Wir können jeden Tag versuchen, einige der vielen Faktoren zu erkennen, die eine

Situation prägen. Damit öffnen wir unsere enge Perspektive, und es fällt uns leichter, den Standpunkt der anderen zu erkennen und vielleicht nach und nach als ebenfalls wichtig zu akzeptieren. Wir finden dann auch eher einen Ansatzpunkt für Veränderungen. Denn wenn eine Situation aufgrund vielfältiger Bedingungen entstanden ist, können wir sie verändern, wenn wir eine oder einige dieser Bedingungen verändern.

Wenn Sie anfangen, die Übungen und Überlegungen in diesem Buch auf Ihr Leben zu beziehen, stellen Sie vielleicht fest, daß Sie damit nicht gut zurechtkommen. Möglicherweise stärken Sie damit ihr sowieso schon negatives Selbstbild. Diese Reaktion ist nicht Sinn der Sache. In diesen Fällen können Sie sich Übungen zuwenden, durch die Sie die Kostbarkeit Ihres menschlichen Lebens wertschätzen lernen und die Ihr Vertrauen in Ihre Buddha-Natur und Ihre Glücks- oder Freudfähigkeit stärken. Sie können Sternstunden Ihres Lebens erinnern, in denen Sie direkt erfahren haben, daß Sie ein Recht auf Leben und Glück haben, in diese Welt gehören und mit ihr im Reinen sind. Sie können den Mechanismus der Projektion untersuchen, mit dem Sie innere Ohnmachts- oder Mangelsituationen auf äußere Umstände und Menschen projizieren.

Männer und Frauen können, wenn sie darauf achten, vielleicht feststellen, daß sie eine produktive Anwendung der Gedankenumwandlung auf unterschiedliche Weise blockieren. Meiner Erfahrung nach sind die Übungen besonders wirksam für Männer mit einer klassischen männlichen Struktur. Viele Männer neigen zu einem überhöhten Selbstbild, dazu, Glückserfahrungen ihrer eigenen Leistung zuzuschreiben und Unglück oder Leid als ungerechte Auswirkung des Handelns von anderen zu sehen. Die Übungen zur Gedankenumwandlung können diese unausgewogene Sicht und Haltung häufig wirkungsvoll verändern. Viele Frauen haben der kulturellen Wertung folgend negative Selbstbilder. Bei Leiderfahrung neigen viele Frauen dazu, sich selbst die Schuld daran zuzuschreiben und bei Glückserfahrungen sie nur als Auswirkung äußerer Faktoren zu interpretieren. Wenn Frauen die Lehren der

Gedankenumwandlung ohne genaue Kenntnis ihrer negativen Selbstbilder und ihrer neurotischen Strukturen anwenden, führt das leicht zu einer Stabilisierung negativer Selbstbilder und nicht zum Abbau überflüssigen Leidens. Wenn Sie so auf diese Übungen reagieren, sollten Sie sich in erster Linie den o.g. Übungen zuwenden, mit deren Hilfe Sie Ihre Fähigkeiten und Möglichkeiten erkennen und schätzen lernen.

Achten Sie also bei diesen Übungen zur Gedankenumwandlung darauf, was Sie dadurch über Ihre Selbstbilder, Ihre emotionalen Strategien und über eingeschliffene Verhaltensweisen erfahren und setzen Sie geeignete Übungen ein. Für beide Geschlechter gilt: Überhöhte Ansprüche an eine schnelle Persönlichkeitsveränderung und Ungeduld mit dem langwierigen Prozeß der Öffnung für uns und andere sind unproduktive Haltungen, die eine wirkungsvolle Anwendung der Gedankenumwandlung verhindern. Behalten Sie bei allen Übungen ihr grundlegendes Ziel im Auge: Es geht darum, sich von überflüssigem Leiden zu befreien und alles, was wir erleben, angenehme und unangenehme Erfahrungen, so zu verarbeiten, daß sie uns auf unserem geistigen Weg nicht behindern, sondern fördern. Es geht darum, durch geeignete Übungen Raum dafür zu schaffen, alles, was geschieht, anzunehmen und intelligent zu verarbeiten. So vorbereitet können Ihnen die in diesem Buch zusammengestellten Herzensratschläge ausgezeichnet helfen, Probleme in Lernsituationen zu verwandeln, die Einsicht und manchmal sogar tiefe Freude wecken.

Sylvia Wetzel
Jütchendorf
Im Juli 1993

1
Der Sinn des Lebens

Du hast diese kostbare menschliche Form, um anderen Lebewesen zu dienen

Die kostbare menschliche Form

Du besitzt diesen kostbaren menschlichen Körper nicht nur, um dein eigenes Glück zu finden, sondern auch um das Leiden aller anderen Lebewesen zu beseitigen und ihnen Glück zu bringen. Dies ist der Zweck des menschlichen Lebens. Du hast diese kostbare menschliche Form, ausgestattet mit den acht Freiheiten und zehn Kostbarkeiten, um anderen Lebewesen zu dienen.

Alle Lebewesen wünschen sich Glück und möchten Leiden vermeiden. Sie brauchen allerdings nicht bloß zeitweiliges, weltliches Glück. Was sie wirklich brauchen, ist die allerhöchste Zufriedenheit, das unvergleichliche Glück der Erleuchtung. Beim Einkaufen zum Beispiel erwirbt jeder die besten und haltbarsten Dinge, die er finden kann. Wenn die Menschen im täglichen Leben ihren Geschäften nachgehen, wünschen sie sich in Wirklichkeit das am längsten währende und höchste Glück. Entsprechend ihrem Verständnis des Dharma und ihrer Kenntnis der verschiedenen Ebenen von Glück, versuchen sie das zu bekommen, was in ihren Augen das höchste Glück ist.

Nur weil die Lebewesen nicht über Dharmaweisheit verfügen, kommen sie nicht auf den Gedanken, das makellose Glück der Erleuchtung erlangen zu wollen. Wenn sie in Kontakt mit dem Dharma gekommen wären und wüßten, daß es möglich ist, sich von den Fesseln von Karma und Verblendungen zu befreien, wenn sie wüßten, daß es ein makelloses Glück, verbunden mit der Beseitigung aller Verdunklungen und der Vollendung aller Verwirklichungen, gibt, würden sie sich das wünschen.

Es ist das makellose Glück der Erleuchtung, das die Lebewesen erreichen müssen. Du bist dann von größtem Nutzen für sie, wenn du fähig bist, sie dahin zu führen. Um ihr Ziel zu erreichen, müssen sie den Pfad zur Erleuchtung beschreiten. Diesen Pfad solltest du ihnen weisen. Willst du dazu in der Lage sein, mußt du vollständig und exakt jeden einzelnen Wesenszug ihres Geistes erkennen. Da sie verschiedene Veranlagungen mitbringen und unterschiedlich intelligent sind, müssen auch die Methoden, die ihnen gezeigt werden, variieren. Wenn du ihnen helfen willst, mußt du alle diese verschiedenen Methoden kennen und darfst nicht den kleinsten Fehler begehen. Nur der allwissende Geist kennt jeden Wesenszug und den Grad der Intelligenz der Lebewesen sowie alle Methoden – daher mußt du den Zustand des allwissenden Geistes erlangen.

Das Praktizieren der Mahayana-Gedankenumwandlung

Um den allwissenden Geist zu erlangen, mußt du dem Pfad zum allwissenden Geist folgen. Du mußt den Stufenpfad zur Erleuchtung praktizieren, der die Essenz der 84 000 Belehrungen des Buddha, d.h. das Dharma in seiner Gesamtheit, enthält. Wir leben in einem Zeitalter voller Zwietracht auf dieser Erde, in einer extrem degenerierten Zeit, in der die fünf Formen der Entartung explosionsartig zunehmen; es gibt daher viele Hindernisse, die der Praxis des Dharma entgegenstehen. Obwohl du zum Dharma gekommen bist, ist es äußerst schwierig, deine Praxis aufrechtzuerhalten und sie zu vollenden; äußere und innere Hindernisse türmen sich immer wieder vor dir auf.

Um Erfolg im Zuhören, Nachdenken und Meditieren auf dem Pfad zur Erleuchtung zu haben und das Wohlergehen und Glück aller Lebewesen herbeizuführen, mußt du deine Gedanken umwandeln und dabei Glück und Leid auf dem Pfad zur Erleuchtung nutzen. Probleme behindern dich dann nicht mehr bei deiner Praxis des Pfades, sondern helfen dir, dich weiterzuentwickeln. Ohne die Mahayana-Geistesumwandlung ist es unmöglich, deine Dharmapraxis und deine innere geistige Entwicklung zu vollenden. Aus diesem Grund möchte ich einen kurzen Text von Dodrupchen Rinpoche mit dem Titel „Wie man Glück und Leid in den Pfad zur Erleuchtung umwandelt" erklären.

Dieser kurze Ratgeber basiert auf Nagarjunas „Juwelenkranz" und Shantidevas „Bodhicaryavatara". Der Verfasser, Dodrupchen Rinpoche, Jigme Tenpei Nyima, war ein hochverwirklichter Nyingma-Lama, der auch sehr vertraut mit den Lehren von Lama Tzong Khapa war und dessen heiliger Geist hohe tantrische Realisationen erreicht hatte. Er war in der Lage, alle Dinge ohne jede Verwirrung zu erkennen.

Wenn wir Probleme haben, können wir verschiedene Lamrim-Meditationen anwenden. Dieser Text enthält nichts, was sich nicht auch in anderen Belehrungen, zum Beispiel in der „Gedankenumwandlung in sieben Punkten" von Geshe Chekawa oder in den „Acht Versen" von Langri Tangpa, finden läßt. Dodrupchen Rinpoche stellt jedoch eine andere Beziehung zwischen der Praxis des Lamrim und unseren Problemen und Hindernissen her.

Bei der Praxis der Gedankenumwandlung gibt es zwei Aspekte: Wie man Glück auf dem Pfad zur Erleuchtung nutzt und wie man Leid auf dem Pfad zur Erleuchtung nutzt. Hier möchte ich erklären, wie man Leiden und Probleme als Pfad nimmt.

2

Eine andere Einstellung zu Problemen entwickeln

Die Haltung, Probleme zu mögen,
sollte so natürlich entstehen wie der Gedanke,
Eis oder Musik zu mögen.

Wir leben in einer Zeit des Verfalls, in der die Lebewesen von besonders vielen Leiden überwältigt werden. Sie haben eine Vielzahl von Problemen und fühlen sich sehr niedergedrückt. Diese Situation entsteht, weil ihr schwacher Geist unfähig ist zu erkennen, daß ihre Probleme und der Schaden, der ihnen zugefügt wird, ihnen nützen kann und die Ursache von Glück ist.

Anstatt allen Schaden, der von Lebewesen und Dingen verursacht wird, als Leiden anzusehen, solltest du dir angewöhnen, solche Umstände als nützlich und als Ursache von Glück zu betrachten. Beginne damit, kleine Unannehmlichkeiten als hilfreiche, nützliche Umstände zu sehen. Wenn du dich dann an diese Sichtweise gewöhnt hast, wirst du allmählich fähig, sogar große Probleme als Annehmlichkeiten zu sehen. Irgendwann werden dir selbst die ernstesten Probleme als nützliche Bedingungen erscheinen, die du für dein Glück brauchst.

Die Praxis der Gedankenumwandlung ist nichts anderes als die Weiterentwicklung des Geistes auf dem Stufenweg zur Erleuchtung. Wenn du sie praktizierst, können dir Feinde, Krankheiten oder Geister nicht schaden. Das bedeutet nicht, daß du jetzt und in der Zukunft keinerlei Probleme mit Feinden, Krankheiten und Geistern haben wirst. Es bedeutet, daß diese Probleme dich nicht daran hindern, Verwirklichungen auf dem Pfad zur Erleuchtung zu erlangen; sie werden zur Unterstützung für die Entwicklung deines Geistes und die Fortführung deiner Praxis des Stufenpfades.

Damit dies geschehen kann, mußt du die Haltung überwinden, die Leiden ablehnt und stattdessen eine Haltung entwickeln, die Probleme gerne erlebt. Wenn du Schwierigkeiten hast, solltest du dich glücklich schätzen.

Welche Nachteile entstehen, wenn wir nur Probleme sehen

Uns allen wird durch Lebewesen oder Dinge, wie zum Beispiel die Elemente, Schaden zugefügt. Wenn dein Geist die Gewohnheit entwickelt hat, dies nur als Leiden anzusehen, erregst du dich mit der Zeit über immer mehr Lebewesen und Umstände. Selbst der kleinste, unbedeutendste Anlaß kann zur Ursache großer Schmerzen in deinem Geist werden. Wenn du die Gewohnheit hast, alles als ein Problem anzusehen, braucht dir nur jemand Essen zu bringen, das ein bißchen zu kalt ist, und schon hast du ein riesiges Problem. Großes Unbehagen entsteht in deinem Geist und du reagierst sehr schnell mit Ärger.

Die tiefste Wurzel deiner Probleme ist dein selbstsüchtiger Geist. Selbst wenn nur ein Detail an der Art und Weise, wie sich jemand kleidet oder einrichtet, nicht stimmt, wenn nur irgend etwas nicht ganz deinen eigenen Vorstellungen entspricht, wird dies zur Ursache für großen Schmerz. Nachts, während du schläfst, braucht nur irgend jemand, vielleicht ein Hund oder Vogel, Lärm zu machen und dich aufzuwecken – schon steigt unglaublicher Ärger in dir auf. Den ganzen nächsten Tag beklagst du Dich darüber: „Oh, letzte Nacht habe ich überhaupt nicht geschlafen, weil mir dies und jenes passiert ist.“ Nicht genug geschlafen zu haben, wird zu einem unglaublichem Problem, zu unglaublichem Leiden.

Wenn du schläfst oder meditierst und dir dann ein winziges, kaum spürbares Wesen wie z.B. ein Floh über dein Bein läuft und dich beißt, kann dies auch zu einem ungeheuer großen Problem werden. Es gibt Leute, die mehrere tausend Dollar ausgeben, um vom Westen nach Kathmandu zu kommen. Nachdem sie dort eine Nacht verbracht haben, finden sie es unerträglich und fahren am nächsten Tag wieder zurück. Je mehr du die Gewohnheit hast, alles als Problem anzusehen, desto mehr nehmen deine Schwierigkeiten zu. Jede winzige Angelegenheit, die nicht exakt deinen Wünschen entspricht, wird zu einem Riesenproblem für dich.

Es liegt in der Natur des Geistes, die Dinge in bestimmten Gewohnheitsmustern zu sehen. Hast du dich daran gewöhnt, jede Kleinigkeit, die nicht haargenau deinen von Selbstsucht getragenen Vorstellungen entspricht, als Problem zu sehen, übertreibt dein Geist immer mehr und bläht sie zu einem riesigen Problem auf. Du nimmst dann selbst kleine Leiden als Probleme wahr und ärgerst dich über sie. Dein schwerer, niedergeschlagener Geist bedrückt dich bald ständig. Doch nur du selbst hast solch ein großes, unerträgliches Problem aus diesen Kleinigkeiten gemacht. Da du daran gewöhnt bist, alles auf diese Weise zu sehen, erscheint dir alles als dein Feind. Alle Phänomene, die deinen sechs Sinnen erscheinen, sind störend; alles, was du hörst, siehst, schmeckst, riechst oder berührst, macht dich unglücklich. Wenn das geschieht, hast du überhaupt keine Freude mehr im Leben. Dein Geist übertreibt die Probleme, und dein Leben ist überschattet von Ärgerlichkeiten, Niedergeschlagenheit, Paranoia und Nervenzusammenbrüchen. Dein schmerzerfüllter Geist bedrückt dich, und es ist sehr schwer, auch nur für einen Tag oder eine Stunde glücklich zu sein.

Du hast keine Gelegenheit, Glück zu erfahren, wenn es nichts gibt, was dir gefällt und dich zufriedenstellt. Was immer du versuchst, wohin du auch gehst, alles macht dich nur unglücklich. Weil du nicht erkennst, daß der Fehler bei dir selbst liegt und daß deine negative Sichtweise nur eine Gewohnheit deines Geistes ist, kommen die Probleme für dich immer von außen – von den Elementen oder von anderen Lebewesen. Je mehr du aber denkst, daß deine Probleme von außen kommen, je mehr du annimmst, daß deine Schwierigkeiten durch die Mängel äußerer Dinge oder Lebewesen entstehen, desto größer wird dein Ärger. Wie eine Flamme, die auflodert, wenn du Öl daraufgießt, wächst deine Wut und dein negatives Karma an. Unerträglich große Wut entsteht, und noch schwereres negatives Karma ist die Folge. Du ärgerst dich über alles: das Haus und die Menschen, die dich umgeben. Du wirst über alles böse, was deinen Sinnen erscheint. Solch einen Geisteszustand nennt man: „Alle Erscheinungen werden zum Feind."

Auf vielen Darstellungen des großen Yogi Milarepa hält er seine rechte Hand an sein Ohr. Man sagt, diese „Geste des Zuhörens" bedeute, daß für ihn alle Phänomene in der Form einer Anweisung oder Belehrung erscheinen. Für diese großen Yogis erstehen die Erscheinungen nicht als Feind, sondern im Gegenteil, alles erscheint als Freund. Anstatt als störend empfunden zu werden, erscheint alles, was existiert, als förderlich oder unterstützend. Diesen Yogis erscheint alles als Seligkeit, alles erscheint als Leerheit.

Den Nutzen von Problemen erkennen

Denke an den Nutzen von Problemen, und verbinde sie mit der Mahayana-Gedankenumwandlung – dann werden sie zu etwas Angenehmem. Sie sind nichts Schlechtes mehr, sie werden zu etwas Nützlichem.

Ganz gleich, wie viele Probleme du hast, es gibt keinen Grund, verstört oder ärgerlich zu reagieren. Aus einer solchen Einstellung könnten wir weder Kraft noch Nutzen ziehen. Es besteht auch nicht die Notwendigkeit, sie als Probleme zu sehen. Wenn du schlechte und unerwünschte Umstände antriffst, denke immer wieder darüber nach, welche Nachteile es mit sich bringt, sie als Probleme zu betrachten und dich über sie zu ärgern. Denke ausgiebig darüber nach, wie falsch diese Haltung ist.

Es gibt Dinge, die du verändern kannst und andere, die du durchstehen mußt. Du kannst beispielsweise die Ziegelsteine, aus denen dein Haus besteht, nicht in Gold verwandeln. Egal wie sehr du dich darüber aufregst, daß das Gebäude nicht aus Gold ist, du hast nicht die Fähigkeit, es zu Gold zu machen. Auch den Himmel kannst du nicht zur Erde machen. Du besitzt diese Fähigkeit nicht, daher lohnt es sich nicht, sich damit zu befassen. Manchmal hast du ein Problem, aber egal wie sehr du dich auch beunruhigst oder ärgerst über alles und dir über jedes einzelne winzige Detail Sorgen machst – es hat überhaupt keinen Sinn.

Shantideva erklärt im Bodhicharyavatara: Wenn ein Leiden beendet werden kann, ist es sinnlos, sich darüber aufzuregen. Es gibt keinen Grund, deswegen wütend oder niedergeschlagen zu sein. Aber auch wenn das Problem etwas ist, was nicht geändert werden kann, hat es keinen Sinn, unglücklich zu sein oder Abneigung gegen das Problem zu haben. Egal was geschieht, es hat keinen Zweck, sich zu ärgern oder sich bedrückt zu fühlen.

Gleich welchen guten oder schlechten Umständen du dich ausgesetzt siehst, denke stets: „Dies ist ein günstiger, nützlicher Umstand." Wird jemand von einer Schlange gebissen, schneidet man das Fleisch an der vergifteten Stelle heraus, obwohl dies sehr schmerzhaft ist. Solch ein Eingriff wird als nützlich angesehen; man betrachtet ihn nicht als etwas Schädliches, sondern als etwas, was das Leben der verwundeten Person schützt. Auch wenn es Anzeichen dafür gibt, daß eine Krankheit, die von innen her deinen Körper vergiftet, sich nach außen verlagert, wird allgemein angenommen, daß es dir bald besser gehen wird. Wenn es sich zeigt, daß die Krankheit aus dem Körper herauskommt, anstatt sich immer mehr auszubreiten und sich festzusetzen, wird dies als etwas Gutes gesehen. Obwohl es eine Erkrankung ist, ist es etwas Positives.

Wenn dir von Dingen und Lebewesen Schaden zugefügt wird, ist es ein großer Fehler, dies als Problem wahrzunehmen. Denke immer wieder darüber nach, wohin es führt, wenn man solche Begebenheiten als Probleme sieht. Denke tief über deine eigenen Erfahrungen mit Schwierigkeiten im Leben nach. Dann entwickle eine starke Motivation und fasse den Entschluß: „Von nun an werde ich mich nicht mehr irritieren lassen, ganz egal welche Probleme mir auch widerfahren. Ich werde kein einziges meiner Probleme als Problem ansehen und werde mich nicht ärgern, wenn sie mir widerfahren."

Versuche deinen Geist in dieser Haltung so zu schulen, wie eine

Person lernt, ein Pferd zu reiten. Nach einiger Übung kann sie selbst im Galopp das Pferd führen, ohne herunterzufallen oder ihr Leben zu gefährden – selbst dann, wenn ihr Geist abgelenkt ist. Sie kommt mit dem Pferd zurecht, weil die Beweglichkeit ihres Körpers sich natürlich der Gangart des Pferdes anpaßt, selbst wenn ihr Geist nicht bei der Sache ist. Genauso sollte, wann immer du auf schlechte Umstände oder Hindernisse triffst, ohne Anstrengung, sofort, ganz natürlich der Gedanke auftauchen: „Das ist gut." Die Haltung, die das Problem mag, sollte so natürlich entstehen, wie der Gedanke, Eis zu mögen. Es sollte so sein wie bei einer Person, die Musik sehr gerne mag. Wenn sie Musik hört, erscheint der Gedanke, Musik zu mögen, ganz von selbst. Sie braucht sich keine Gedanken darüber zu machen, warum die Musik schön ist.

Wenn du Gedankenumwandlung praktizierst und auf schlechte, unerwünschte Umstände triffst, entsteht der Gedanke, der sie als gut erkennt, ganz von selbst, und so entsteht Glück. Selbst wenn du kritisiert wirst, oder unter Armut, schwierigen Lebensumständen, Fehlschlägen oder Krankheiten leidest, ja selbst wenn du im Sterben liegst – dein Geist läßt sich durch nichts beunruhigen. Du fühlst dich immer wohl. Ohne irgendwelche Anstrengungen unternehmen zu müssen, entsteht dieser Gedanke, der die Vorteile von Problemen versteht, ganz von selbst. Du bist dir dessen immer bewußt. Je mehr du ihren Nutzen siehst, desto gücklicher ist dein Geist, wenn du Hindernissen und Schwierigkeiten in deinem Leben begegnest.

Wenn du Schwierigkeiten in deinem Leben als Probleme ansiehst und dich durch sie irritieren läßt, entstehen dir daraus große Nachteile. Wenn du dagegen deinen Geist darin übst, den Schaden, der dir durch Dinge und Lebewesen zugefügt wird, nicht als Problem zu betrachten und dich nicht durch diese Dinge aus der Fassung bringen zu lassen, werden sogar große Probleme von Geist und Körper so leicht, daß sie dir überhaupt nicht mehr schwierig erscheinen. Probleme werden zu etwas Erfreulichem – so leicht und weich wie ein Wattebausch.

Probleme als etwas Erfreuliches wahrnehmen

Wenn du in deinem Leben auf Schwierigkeiten triffst, ist es sehr schwer, sie sofort mit Tugend zu verbinden; daher sollten wir gut vorbereitet sein. Wende die Lamrim-Meditation oder die Praxis der Gedankenumwandlung – je nachdem was dir geläufiger ist – in allen Situationen an. Wenn du dich so im voraus übst, fällt es dir leicht, im Falle eines ernsten Problems auf diese Meditationen zurückzugreifen.

Probleme und Leiden helfen dir, Heilsames zu praktizieren. Das zu verstehen reicht aber nicht aus. Du mußt auch erkennen, daß Probleme die notwendige Voraussetzung für Heilsames sind. Aus dieser Gewißheit entsteht eine sehr intensive, stetige und stabile Empfindung von Glück.

Denke in schwierigen Zeiten daran, daß deine Probleme äußerst nützlich sind, denn sie erlauben dir, das – ansonsten sehr schwer zu erlangende – zeitweilige und letztendliche Glück zu verwirklichen: das Glück zukünftiger Leben, der Befreiung und der Erleuchtung. Selbst wenn deine Probleme sehr schwer zu ertragen und sehr schwierig zu lösen sind, werden sie dir fortwährend nützen – sie sind das Beste, das dir widerfahren kann.

Abneigung gegen Probleme zu überwinden und sie stattdessen zu genießen, macht deinen Geist sehr glücklich. Du leidest dann nicht mehr unter Niedergeschlagenheit oder Ärger und bist fähig, stets bei deiner Praxis zu bleiben. Wandle deinen Geist in Glück um, indem du immer wieder über deine Einstellungen nachdenkst. Wenn du der festen Überzeugung bist, daß die Erfahrung des Problems eine erfreuliche Sache ist, empfinden deine Sinne nicht viel von einem Problem. Selbst wenn deine Lage schwierig ist, nehmen es deine Sinne nicht so wahr und dein Geist reagiert nicht verstört – so bist du fähig, alles zu ertragen. Krankheiten und die anderen Probleme des Lebens lassen sich bewältigen. Auch mit äußeren Feinden kannst du umgehen. Selbst Geister, von denen du glaubst, daß sie dein Glück oder deine Dharmapraxis stören könnten, können damit in Schach gehalten werden. Obwohl sie in ihrem Tun nicht nachlassen, können sie dich nicht mehr stören, und dein Geist nimmt keinen Schaden.

Solange du etwas als Leiden ansiehst, regst du dich auf und läßt es zu, daß das Problem deinen Geist aus dem Gleichgewicht bringt. Wenn dies geschieht, kannst du dieses Leiden nicht in den Mahayana-Pfad umwandeln. Bist du andererseits in der Lage, sie auf dem Mahayana-Pfad zu benutzen, helfen sie dir, dein gutes Karma zu vermehren und werden zur Ursache von Glück. Dies ist etwas, was jeder in seiner eigenen Erfahrung erkennen muß.

Es ist natürlich anfangs zu schwierig, große Probleme in den Pfad umwandeln zu wollen. Beginne daher bei kleinen Leiden. Übe deinen Geist darin, kleine Schwierigkeiten umzuwandeln, bei denen es dir nicht schwer fällt. Später wirst du dann fähig, selbst größere Probleme und Katastrophen, ja selbst das Bedrohlichste, den Tod, mit Heilsamem zu verbinden und auf dem Pfad des Mahayana zu nutzen.

Kurz gesagt: Übe deinen Geist darin, alle Probleme in positivem Licht zu sehen! Betrachte sie immer als etwas Wünschenswertes!

Wenn dir das gelingen soll, mußt du aufhören, dich immer nur auf die Nachteile von Schwierigkeiten zu konzentrieren. Strenge dich wirklich an, die gute Seite und den Nutzen von Problemen zu erkennen! Ob eine Empfindung oder eine Lebenssituation wundervoll ist oder nicht, hängt davon ab, wie dein Geist sie wahrnimmt und interpretiert. Dein Geist nimmt etwas wahr und beginnt sofort damit, es zu interpretieren. Er benennt es mit „gut" oder „schlecht", „das ist etwas Wunderbares" oder „das ist ein Problem". Alles hängt von deinem Geist ab. Hast du beispielsweise viele Male darüber nachgedacht, wie unzulänglich Sinnesobjekte sind, wird es dich eher langweilen oder dir Angst machen, wenn dein Reichtum oder Besitz anwächst. Wenn du dich dagegen mehr darauf konzentriert hast, Sinnesobjekte als etwas Positives zu sehen, verlangst du nach Wohlstand und freust dich, wenn er sich vermehrt. Wie dir diese Dinge erscheinen, hängt einzig von deinem Geist ab.

Erfahrungen verändern sich mit der Umwandlung unserer Denkweise. Vor vielen Jahren, etwa zu der Zeit, als ich den berühmten sechsten Meditationskurs leitete, muß ich, während ich in Lawudo war, viel über die Nachteile der schädlichen Haltung der Acht Weltlichen Dharmas gelesen haben. Einer der Texte, den ich in Lawudo zwischen vielen anderen Nyingma-Texten fand, nannte sich: „Das Öffnen der Tür zum Dharma – die allererste Geistesübung auf dem Pfad". Dies war der einzige allgemeine Text, den ich dort zwischen vielen anderen handgeschriebenen Manuskripten über Einweihungsrituale und Gottheitenpraxis fand. Als mir die Bewohner dieser ländlichen Gegend damals Gaben darbrachten – meistens handelte es sich um sogenannte Mandalas, mit Mais und Reis gefüllte Teller auf denen etwas Geld lag – war ich voller Furcht. Ich dachte nur an die Nachteile solcher Darbringungen und war sehr ängstlich. In der Tiefe meines Herzens hatte ich auch viel Angst davor, bekannt und berühmt zu werden. Damals habe ich noch versucht, Dharma zu praktizieren, aber jetzt bin ich vollständig im Sumpf weltlicher Belange versunken.

3

Glück und Leid werden von Deinem eigenen Geist erschaffen

Glück und Leid hängen von deinem Geist,
von deiner Interpretation der Dinge ab.
Sie kommen nicht von außen und nicht von anderen.
All dein Glück und all dein Leid sind von dir erschaffen,
von deinem eigenen Geist.

Alles hängt von deinem Wunsch ab

In den Lehren heißt es: „Alles Existierende hängt von den Wünschen der Lebewesen ab." Glück und Leid entstehen aus der Motivation. Das schlimmste Leiden der Höllen und das höchste Glück des allwissenden Geistes werden von unserem eigenen Geist erzeugt.

Abgesehen von wenigen Ausnahmen, verrichtest du alle Handlungen deines Körpers, deiner Sprache und deines Geistes aus einer weltlichen Motivation heraus; du hast dabei nur das Glück in diesem Leben im Auge. Da dies eine unheilsame Motivation ist, werden alle deine Taten von Körper, Sprache und Geist unheilsam – ihr Resultat ist nichts als Leiden.

Alle Handlungen von Körper, Sprache und Geist, die mit dem Wunsch verbunden sind, eine Art von Glück zu suchen, die über dieses Leben hinausgeht, sind heilsam und werden zur Ursache von Glück. Aufgrund dieser Handlungen bist du in der Lage, in zukünftigen Leben Glück zu erfahren. Alle deine Handlungen von Körper, Sprache und Geist, die von dem Wunsch getragen werden, Befreiung von den Fesseln von Karma und Verblendung zu erlangen, sind heilsam und werden zur Ursache der Befreiung. Alle deine Handlungen von Körper, Sprache und Geist, die von dem Wunsch getragen werden, Erleuchtung zum Wohle aller Wesen zu erlangen, den Zustand des allwissenden Geistes, sind nicht nur heilsam, sondern werden auch zur Ursache für Erleuchtung. Mit solch einer Motivation führst du nicht nur von morgens bis abends positive Handlungen aus, alle diese Handlungen werden auch noch zur Ursache für das Erlangen von makellosem Glück und dem Zustand des allwissenden Geistes.

In den Lehren des Buddha wird gesagt, daß alles Existierende von der Motivation abhängt. Ob du weltliches Glück oder sogar das allerhöchste Glück erlangst oder nicht, hängt von deiner Einstellung, von deinem eigenen Geist ab. Alles entsteht aus den unterschiedlichen Absichten der Wesen. Alle samsarischen Leiden kommen von dem Wunsch, nur Glück in diesem Leben zu erlangen, und das ist sowieso nicht zu finden. Aus dem Wunsch, den allwissenden Geist zu erlangen, entsteht der allwissende Geist. Samsarisches Leiden und allerhöchstes Glück sind also einzig die Auswirkungen deiner eigenen Wünsche, deines eigenen Geistes.

Du praktizierst Dharma, da du dir Glück wünschst und Probleme vermeiden möchtest. Glück und Leid erhältst du nicht von außen, von anderen – sie kommen aus dir selbst. Jede Erfahrung von Glück oder Leid wird von deinem eigenen Geist erschaffen. Das Problem des Leidens entsteht ausschließlich in deinem Geist, und das gleiche gilt für die Erfahrung von Glück – sie wird durch das Praktizieren von liebevoller Güte, Mitgefühl und Geduld hervorgebracht. Glück und Leid hängen davon ab, wie du im täglichen Leben mit deinem Geist umgehst. Sie werden mit Sicherheit nicht von anderen Lebewesen oder durch außergewöhnliche Wesen wie Gott oder Buddha erschaffen. Du allein bist der Schöpfer deines eigenen Glücks oder Leidens.

Glück und Leid sind Manifestationen der Leerheit

Wenn du Problemen ausgesetzt bist und an ihre Vorteile denkst, sieht dein Geist sie als gut und nicht als schlecht an. Du hörst auf, Probleme nicht zu mögen und entwickelst die Haltung, sie zu mögen. Erinnerst du dich an die Vorteile deiner Probleme, bringst du sie damit mit der Mahayana-Gedankenumwandlung in Verbindung. Sobald der Geist sich der Vorteile der Probleme bewußt wird, bezeichnet er sie als „gut", und sie erscheinen als gut, als Glück. Dieses Glück entsteht dadurch, daß der Geist diese Empfindungen anders benennt: „Das ist gut. Das ist kein Problem, also leide ich auch nicht. Ich bin glücklich." Dein Glück entspringt einzig und allein aus deinem Geist. Auch nicht das kleinste bißchen Glück existiert von seiner eigenen Seite her. Das Glück, das von seiner eigenen Seite her zu existieren scheint, ist in Wahrheit leer. Es existiert in Abhängigkeit von der Art der zugrundeliegenden Empfindung und dem Gedanken, der es bezeichnet. Glück ist somit eine Manifestation von Leerheit.

Mit dem Leiden verhält es sich ähnlich. Wenn du die Vorteile von Schwierigkeiten nicht erkennst, sondern sie nur als störend erlebst, werden sie für dich zu Problemen. Immer wenn eine bestimmte Empfindung entsteht, sagt sich der Geist: „Das ist ein Problem." Dein Geist bezeichnet eine Empfindung als Leiden, und dies beeinflußt wiederum die Art und Weise, wie dir die Dinge erscheinen. Hast du eine Situation innerlich als „problematisch" bezeichnet, wird sie dir auch so erscheinen. Das „Problem" existiert nur als bloße gedankliche Benennung auf der Grundlage einer bestimmten Empfindung; es erscheint aber so, als existiere es von seiner eigenen Seite her. Dieses scheinbar aus sich selbst heraus existierende Problem ist vollkommen leer. Denke darüber nach, und du wirst erkennen, daß auch Leiden eine Manifestation von Leerheit ist.

Wenn du das Ich betrachtest, scheint es eine von seiner eigenen Seite her existierende Natur zu besitzen. Du nimmst ein wahrhaft existierendes Ich auf der Grundlage der Skandhas wahr. In Wahrheit gibt es dieses selbstexistente Ich jedoch nicht, sondern nur ein abhängig enstandenes. Ohne die Skandhas, die Basis für die Bezeichnung „Ich", existiert kein Ich, auch wenn es einen Gedanken gibt, der ein Ich annimmt. Andererseits existiert auch kein Ich ohne diesen Gedanken, der die Skandhas mit Ich bezeichnet, selbst wenn die Skandhas, die Grundlage der Benennung, vorhanden sind.

Ohne den Gedanken, der etwas „Ich" nennt, gibt es kein Ich. Die bloße Erscheinung der Skandhas bildet die Grundlage, der lediglich das Denken die Benennung „Ich" zuordnet.

Je nachdem, welche Tätigkeit die Skandhas gerade ausüben, gibt das Denken die Benennung: „Ich sitze", „Ich höre den Belehrungen zu", „Ich meditiere". Das Denken gibt die Bezeichnung „Ich" auf der Grundlage von Körper und Geist, die verschiedene Handlungen ausführen wie Sitzen, Zuhören und Meditieren. In Wirklichkeit ist das Ich, das alle diese Handlungen ausführt, lediglich eine Bezeichnung, die den Skandhas durch das Denken zugeordnet wird. Das Ich existiert auf genau diese Art und Weise und ist auch nicht ein kleines bißchen mehr als das.

Das Ich existiert in Wahrheit nur als bloße gedanklich erzeugte Benennung auf der Grundlage der Skandhas, trotzdem erscheint es uns, als hätte es eine Existenz von seiner eigenen Seite. Dieses Ich, das eine bloße Bezeichnung ist, erscheint, als existiere es von seiner eigenen Seite her, als wäre es mehr als ein Etikett – tatsächlich aber ist es vollkommen leer davon, von seiner eigenen Seite her zu existieren. Alles was über diese tatsächliche Existenzweise hinausgeht, ist eine totale Halluzination. Es gibt nicht einmal das winzigste Atom von Selbstexistenz innerhalb dieses Ich, das lediglich eine Benennung auf der Grundlage der Skandhas ist.

Das Ich ist leer davon, unabhängig zu existieren, mehr als eine bloße Benennung zu sein oder aus sich selbst heraus zu existieren. In Wirklichkeit ist das Ich, das auf der Grundlage dieser Skandhas existiert, das Ich, das verschiedene Tätigkeiten ausführt, Samsara erlebt und in der Lage ist, durch die Praxis des Pfades Erleuchtung zu erlangen, nicht mehr als das, was den Skandhas gedanklich zugeordnet wird. Wir können nun sehr klar erkennen, daß alle anderen Erscheinungformen des Ich einfach nur Halluzinationen sind. Das Ich, das nicht so erscheint, als wäre es eine bloße Benennung, obwohl es eine Benennung ist; das Ich, das erscheint, als würde es sich auf irgend eine Weise von dem bloß bezeichneten Ich unterscheiden, diese Erscheinungsformen, die über das tatsächlich Existierende hinausgehen, sind das Objekt, das es zu widerlegen gilt.

S.H.Trijang Rinpoche wendet das in seinen Belehrungen auf jede Erfahrung an. Ganz gleich, ob du schlechten oder guten Umständen, Glück oder Leiden ausgesetzt bist – dein abergläubisches Denken ordnet dem bloßen Zusammenkommen von Ursachen und Umständen eine „bloße Bezeichnung“ zu. Dann erscheint dir das, was du lediglich so benannt hast, dieses bloße Etikett, als existiere es von seiner eigenen Seite her – du hast gar keine Wahl. In Wirklichkeit existiert jedoch nichts von seiner eigenen Seite her.

Du kannst auf verschiedene Arten darüber nachdenken, aber du wirst immer zu der Schlußfolgerung kommen, daß alles leer von Selbstexistenz ist. Nichts existiert von seiner eigenen Seite her. Aus diesem Grund hat es überhaupt keinen Wert, verhaftet oder wütend zu sein. Komme daher zu dem Entschluß, Verblendungen vollständig aufzugeben!

4

Die Nachteile von Ärger und Verlangen

Der Schmerz der Wut ist wie ein loderndes Feuer.
Er fühlt sich an, als hättest du
rotglühende Kohlen in deinem Herzen.
Du folgst deinem Verlangen und bist nicht befriedigt,
wieder folgst du deinem Verlangen
und bist wieder nicht zufrieden,
du versuchst es nochmals
und findest doch nicht, was du suchst.

Dem Ärger nachgeben

Allein durch die Betrachtung deiner alltäglichen Lebenserfahrungen kannst du erkennen, daß es keinen geistigen Frieden gibt, solange du deinem Ärger nachgibst und deinen Geist nicht kontrollierst. Wenn du dagegen die Meditationen und Lehren des Stufenweges zur Erleuchtung in deinem täglichen Leben anwendest und deinen Geist durch die Praxis von Geduld, liebevoller Güte und Mitgefühl im Zaum hältst, entsteht Frieden. Dies trifft besonders dann zu, wenn du mit gefährlichen Umständen konfrontiert wirst, die das Auftauchen negativer Gedanken begünstigen.

Erkenne deinen Ärger, sobald er aufsteigt und rufe dir sofort seine Nachteile ins Gedächtnis. Ärgerlich zu sein, hat nicht den geringsten Vorteil; dadurch entsteht weder für dich noch für andere auch nur das kleinste bißchen Freude. Ärger schadet nur, macht den Geist unglücklich und macht dich boshaft. Wenn du dich vom Ärger kontrollieren läßt, wird dadurch ein Eindruck im Geist hinterlassen, der dich später, wenn du auf gleiche Umstände triffst, dazu bringt, erneut mit Ärger zu reagieren. Jedesmal wenn du unter solch schwierigen Umständen Ärger entstehen läßt und ihn noch verstärkst, statt den Stufenweg zur Erleuchtung zu praktizieren, hinterläßt das neue Eindrücke in deinem Geisteskontinuum, und du schaffst damit die Vorbedingungen für mehr Ärger in der Zukunft.

Dein Geist wird durch Wut verdunkelt; Ärger überschattet jeden Tag deines Lebens und birgt sogar physische Gefahren. Er kann auch dein Leben in Gefahr bringen. Er kann dich dazu veranlassen, alles Glück und den materiellen Besitz von dir selbst und anderen zu zerstören. Er bedroht den Geist, den Körper und sogar das Leben anderer.

Unter dem Einfluß von Ärger fühlst du dich angegriffen und elend und verursachst in der Folge Furcht und Angst bei anderen. Bist du wütend, denkst du nur noch daran, wie du anderen Schaden zufügen kannst. Ist deine Wut stark, fällt dir nichts anderes mehr ein, als jemandem Schmerz zuzufügen oder ihn zu töten. Du möchtest das andere Wesen am liebsten sofort zerstören. Ist dieser Gedanke einmal entstanden, genügt ein einziger Moment, um jemanden zu verletzen oder seinen Tod herbeizuführen. So etwas kann tatsächlich in einer Sekunde passieren.

Selbst wenn du nur dieses Leben und deine alltäglichen Erfahrungen betrachtest, wird offensichtlich, daß Ärger große Probleme für dich selbst und für andere verursacht. Wenn du dann über dieses Leben hinausblickst, erkennst du, daß Ärger dir auch in vielen hunderten zukünftigen Leben schaden wird. Ärger zerstört deine Verdienste, macht es dir unmöglich, die Verwirklichungen des Pfades zur Erleuchtung zu erlangen oder verzögert sie zumindest. Wie das Herz dem Leben ein Ende macht, wenn es aufhört zu schlagen, trennt Ärger dich dadurch, daß er deine Verdienste zerstört, vom Leben der Befreiung, dem Stadium des allwissenden Geistes. Ohne das Herz ist kein Leben möglich, ohne Verdienst gibt es kein Glück, keine Befreiung und auch nicht die große Seligkeit des allwissenden Geistes.

Ärger ist so schädlich! Selbst wenn wir nicht über die Zeit nach diesem Leben sprechen, wenn wir nur an die Gefahr denken, die Wut jetzt mit sich bringt, sehen wir, wie sie ständig so vielen Lebewesen schadet.

Das Gegenmittel für Ärger ist Geduld. Aber solange wir unter dem Einfluß von Ärger stehen, sind wir nicht fähig, Geduld zu praktizieren oder die Nachteile des Ärgers zu erkennen. Wir müssen über die Unzulänglichkeiten des Ärgers nachdenken, um allmählich eine andere Haltung zu erzeugen, die Geduld praktiziert. Der Ärger selbst denkt nicht an seine eigenen Nachteile; wir müssen seine Fehler durch eine andere Denkweise entlarven. Wenn wir durch die Anwendung der Meditationen und Belehrungen des Stufenweges zur Erleuchtung, die Mahayana-Gedankenumwandlung, beginnen, Geduld zu praktizieren, führt dies ganz unmittelbar zu Ruhe, Entspannung und viel Freude in unserem Leben.

Der Schmerz der Wut ist wie ein loderndes Feuer. Er fühlt sich an, als hättest du rotglühende Kohlen in deinem Herzen. Wut verwandelt sogar einen sonst schönen Körper in etwas Häßliches und Erschreckendes. Was vorher glücklich, friedlich, von angenehmer Farbe und schöner Erscheinung war, wird dunkel, häßlich und abstoßend. Sobald du die Lehren anwendest und Geduld praktizierst, hört jedoch all das vollkommen auf. Wenn der Ärger überwunden ist, ändert sich plötzlich sogar deine äußere Form. Du wirst friedvoll, glücklich, warmherzig, liebevoll, und machst andere Wesen damit glücklich.

Dem Verlangen nachgeben

Es ist wie bei Ärger – wenn dein Geist der Anhaftung oder dem Verlangen folgt, kannst du dich nicht glücklich oder entspannt fühlen. Solange du dich deinem Verlangen hingibst, wird dir im Herzen immer etwas fehlen. Beobachte deinen eigenen Geist im täglichen Leben – dann wirst du erkennen, daß dir immer etwas fehlt. Du erfreust dich vielleicht an verschiedenen Orten, genießt es, in der Stadt zu leben oder im Gebirge, an den Strand zu gehen oder in einen schönen Park; du findest Vergnügen an gutem Essen, an Kleidung und allem anderen, was auf dieser Erde erlangt werden kann – aber trotzdem fehlt immer irgendetwas in deinem Herzen. Ganz gleich, wie viele Freunde du hast oder wie lange du mit ihnen zusammen bist, es gibt immer ein Gefühl von Mangel. Wirkliches Glück bleibt dir fremd.

Wenn du in deinen Geist blickst, ohne dich von äußeren Dingen ablenken zu lassen, wirst du erkennen, daß immer etwas fehlt, selbst wenn es von Zeit zu Zeit in deinem Leben etwas Aufregendes gibt. Du bist nicht wirklich glücklich – auch in solchen abwechslungsreichen Zeiten nicht. Wenn du deinen Geist wirklich beobachtest und gründlich untersuchst und dich fragst: „Ist dieses Glück vollkommen oder nicht?", wirst du sehen, daß du immer noch ein Gefühl von Mangel hast.

Buddha sagte daher in seinen Belehrungen: „An welchem Ort du auch lebst, es ist ein Ort des Leidens; welche Vergnügungen du auch genießt, es sind die Genüsse des Leidens; welchen Freund du auch begleitest, es ist der Freund des Leidens. Solange du dem Verlangen folgst, gibt es keine Befriedigung." Wir glauben, daß wir Befriedigung finden, wenn wir unserem Verlangen folgen, aber das Gegenteil ist der Fall. Dem Verlangen nachzugeben ist das falsche Mittel – es führt nur zu immer mehr Unzufriedenheit.

Du folgst deinem Verlangen und bist nicht zufrieden, wieder folgst du deinem Verlangen und bist wieder nicht zufrieden, du versuchst es nochmals und findest doch nicht, was du suchst. Es ist wie in der Lebensgeschichte des berühmten Sängers Elvis Presley. Als ich einmal in Melbourne war, sah ich eine Sendung im Fernsehen, die darüber berichtete. Es war sehr interessant. Sein ganzes Leben war eine äußerst wirkungsvolle Lamrim-Belehrung. Sowohl in jungen Jahren als auch später genoß er all die Vergnügungen und Aufregungen, die ihn umgaben, sehr. Aber in dem Jahr, in dem er seinen Tod herannahen fühlte, wurde er sehr deprimiert. Der Text seines letzten Liedes lautete: „I tried and I tried, but I can't get no satisfaction (Ich hab es immer wieder versucht, aber ich kann keine Befriedigung finden)." Während seines letzten Konzerts sang er mit Tränen in den Augen, und all die Tausende von Leuten, die ihn verehrten, sahen ihm zu. Sie hörten sein Lied und weinten auch. Das war sein letzter Auftritt.

Wenn du in die Natur deines Geistes blickst, wirst du feststellen, daß immer irgend etwas fehlt, solange du deinem Verlangen folgst. Tatsächlich ist die ganze Situation Leiden. Der Begierde zu folgen ist bereits Leiden, dies ist das eigentliche Problem. Wie sehr du auch dem Verlangen nachgehst – Befriedigung findest du dadurch nicht. Das einzige Resultat dieser Haltung ist Unzufriedenheit. Dies ist das größte Leiden von Samsara.

Immer wieder entstehen neue Probleme in deinem Leben. Vielleicht führst du ein religiöses Leben, bist aber unfähig zu praktizieren, weil du dich vielen innerlichen wie äußerlichen Hindernissen ausgesetzt siehst. Warum passiert dir das? Was bringt alle diese Probleme und Hindernisse, die dich unfähig machen, in deiner Dharmapraxis voranzukommen? Der Grund ist, daß du deinem Verlangen folgst und keine Befriedigung erlangst.

Auch Menschen, die nicht meditieren oder Dharma praktizieren, erleben viel Unglück in ihrem Leben, weil sie dem Verlangen nachgeben, aber die gewünschte Befriedigung nicht finden. Wenn du die Nachrichten im Radio hörst, Zeitungen liest und Fernsehen schaust, erkennst du, besonders wenn du es regelmäßig tust, woher das Problem kommt: Die Wesen geben dem Verlangen nach und finden keine Befriedigung.

Untersuchst du die Natur deines Geistes und fragst dich selbst, wirst du zur Erkenntnis gelangen, daß es kein wahres Glück gibt, solange du dem Verlangen folgst. Etwas Entscheidendes fehlt. Dein Leben ist leer.

Solange du die wirkliche Natur deines Geistes jedoch nicht auf diese Weise analysierst, scheint es, daß ein Problem – nämlich das Objekt des Begehrens nicht zu besitzen – aufhört, wenn du solch ein Objekt, das du als „Vergnügen" definiert hast, erlangst. In Wirklichkeit aber hat dieses spezielle Problem zwar aufgehört, aber ein anderes beginnt damit, daß du das Objekt nun hast. In der Tat ist beides Leiden, wenn wir das Objekt des Verlangens besitzen und wenn wir es nicht besitzen. Haben wir es in unserem Besitz, leiden wir, haben wir es nicht, leiden wir auch. Da jedoch das vorherige

Problem zunächst einmal aufhört, wenn man das Objekt der Begierde erlangt, nennt man diesen Wechsel der Empfindung „Vergnügen". Sogenanntes Vergnügen kommt zustande, sobald einer der sechs Sinne auf das Objekt des Verlangens trifft. Wenn jedoch das Sinnesbewußtsein immer weiter auf dieses Objekt trifft, wird das Gefühl früher oder später zum Leiden des Leidens und wird als unerträgliches Problem wahrgenommen.

Bevor diese Empfindung unerträglich wird, bevor du sie also als Problem, als das Leiden des Leidens, wahrnimmst, ordnest du ihr den Begriff „Vergnügen" zu. Da du sie Vergnügen nennst, erscheint die Empfindung als etwas Angenehmes. Sie wird als Vergnügen wahrgenommen, das von seiner eigenen Seite her existiert. Mit anderen Worten: Es ist bloß benanntes Vergnügen, aber erscheint so, als würde es von seiner Seite her existieren. Wenn nun der Kontakt von Sinn und Objekt, der die Empfindung „Vergnügen" hervorbringt, fortgesetzt wird, ist es nur eine Frage der Zeit, wann dir bewußt wird, daß es unerträglich geworden ist. Für einen gewissen Zeitraum schreibt dein Geist diesem Gefühl die Benennung „Vergnügen" zu, aber dann erkennst du plötzlich, daß die Empfindung zu unerträglichem Unbehagen geworden ist, zum Leiden des Leidens.

In Wirklichkeit bedeutet es immer Leiden, wenn diese samsarischen Skandhas, die von Karma und Verblendung verursacht sind, auf ein Objekt treffen. Es gibt dann drei Arten von Empfindungen. Eine leidvolle oder unangenehme Empfindung wird normalerweise „Problem" genannt; eine angenehme Empfindung erscheint uns als Vergnügen, solange wir sie nicht hinterfragen, ist aber lediglich Leiden, wenn wir sie genau untersuchen; und selbst eine indifferente Empfindung, die weder angenehm noch unangenehm ist, ist von Natur aus Leiden, weil die Skandhas durch den Samen von Karma und Verblendung verunreinigt sind. Solange du dich nicht von den Fesseln von Karma und Verblendung befreit hast, mußt du fortwährend Leiden erfahren, denn du bist in Samsara, d.h. an den Skandhas festgebunden. Sobald die Skandhas auf Sinnesobjekte treffen, sind alle Empfindungen, die entstehen, von Natur aus leidvoll.

Wenn du deinem Verlangen folgst, wird Karma erzeugt. Jede Handlung hinterläßt einen Eindruck in deinem Geisteskontinuum, der zur Ursache für dein Samsara in zukünftigen Leben wird. Im Samsara deiner zukünftigen Leben wirst du wiederum das allesdurchdringende Leiden erfahren, d.h. unter der Kontrolle von Karma und Verblendungen stehen. Auf der Grundlage dieses allesdurchdringenden Leidens entstehen die beiden anderen Formen des Leidens: Leiden des Leidens und Leiden der Veränderung. Über einen langen Zeitraum entsteht also Schaden für dich, wenn du deiner Begierde folgst. Solange du dem Verlangen nachgibst, nimmt das Leiden von Samsara kein Ende.

Kurz gesagt: Selbst die Empfindungen, die du hast, während du mit einem Objekt des Verlangens zusammentriffst und die du dann „Vergnügen" nennst, sind nur Leiden. Wenn du die Natur dieser Empfindungen nicht untersuchst, ordnest Du, aufgrund deines halluzinierenden Geistes, dieser Empfindung, die nur Leiden ist, den Begriff „Vergnügen" zu. Dann erscheint sie dir als etwas Erfreuliches und du glaubst, das Gefühl des Leidens sei Freude. Daran hältst du fest, und deinem halluzinierenden Geist erscheint sie als reines, wahrhaft existierendes Glück. So kommen alle Probleme einzig aus deinem Geist.

Verlangen überwinden

Vielleicht hast du riesige Probleme, die sich wie Berge vor dir auftürmen. Es erscheint dir, als wäre der ganze Himmel mit schwarzem Rauch angefüllt. Aber wenn du erkennst, daß es ein Fehler ist, deinem Verlangen zu folgen, können alle diese Berge von Problemen sofort verschwinden – du mußt nur deinen Fehler berichtigen.

Während du ein Objekt der Anhaftung betrachtest, zum Beispiel den Körper einer anderen Person, denkst du vielleicht: "Wie schön ist er!" In diesem Moment ist es unmöglich, Anhaftung zu beenden.

So ein Gedanke wird höchstens zur Ursache für noch mehr Anhaftung. Der Versuch, die Anhaftung zu überwinden, während man so denkt, wäre sehr anstrengend und würde sich als völlig nutzlos erweisen. Eine Haltung, die die Schönheit einer Person übertreibt, kann nicht gleichzeitig von der Verhaftung ablassen. Nur eine andere Haltung, die die leidhafte Natur des Körpers erkennt und sieht, daß er schmutzig, häßlich und vergänglich ist, kann Verhaftung beenden.

Vielleicht denkst du: „Ich bin die einzige Person in dieser Welt, die Probleme hat“ oder „Mir geht es am schlechtesten“. Aber sobald du erkennst, daß deine Begierde die Wurzel all dieser Schwierigkeiten ist, hörst du auf, ihr nachzugeben und wendest das Gegenmittel an – Meditation und die Belehrungen über den Stufenpfad zur Erleuchtung. Sofort entsteht große Ruhe und Zufriedenheit. Du erkennst die Fehler von Verlangen, und in der gleichen Sekunde hören die Probleme auf. Sobald dein Verlangen zur Ruhe kommt, hörst du auf, alles schwarz und als Leiden zu sehen. Stattdessen erfährst du in deinem täglichen Leben Zufriedenheit, Glück und sogar die Befreiung. Verlangen abzuschneiden bedeutet Befreiung.

Während der Zufluchtszeremonie, wenn du dich Buddha, Dharma und Sangha zuwendest, heißt es in dem Gebet der Zuflucht zum Dharma: „Ich nehme Zuflucht zur höchsten Beendigung der Anhaftung.“ Der Grund dafür, daß speziell die Beendigung der Anhaftung erwähnt wird und nicht die Beendigung von Ärger oder anderer Verblendungen, liegt darin, daß alle diese Leiden, die ich gerade erwähnt habe, aus Verlangen entstehen. Wenn du dein Verlangen nicht aufgibst, hört Samsara für dich nicht auf. Andere Lebewesen werden von Samsara befreit werden, wenn sie aufhören, dem Verlangen nachzugeben, aber solange du selbst noch deinem Verlangen folgst, hört für dich Samsara nicht auf. Du bist der alleinige Schöpfer all deines Glücks und Leidens.

Solange du die Schönheit eines Objekts übertreibst, kannst du deine Anhaftung nicht beenden, und je mehr du deine Probleme als

Leiden definierst, desto schwerer werden sie für dich. Unter dem Einfluß solcher Denkweisen ist es unmöglich, dein Leiden zu beenden; im Gegenteil, es wird immer unerträglicher.

Laß daher deinen Geist in seinem natürlichen Zustand ruhen. Folge nicht den Gedanken: „Dies ist ein Problem", „Das ist ein Problem", „Jenes ist ein Problem". Ohne dich auf die Seite des Gedankens zu schlagen, der die Dinge als Probleme sieht, verweile im natürlichen Zustand. Solch ein offener Geist kann den Gedanken beenden, der ungünstige Umstände als Problem sieht.

5
Deine Probleme als Pfad nehmen

Unangenehme Situationen als angenehm zu sehen,
ist eine der kraftvollsten Übungen
zur Gedankenumwandlung.
Durch sie verwandelst du Leiden in Glück.

S.H. Trijang Rinpoche hat darüber gesprochen, wie außerordentlich nützlich es ist, in unserer Zeit des Verfalls schlechte Umstände in den Pfad zur Erleuchtung umzuwandeln. In Zeiten wie diesen stehen der Dharmapraxis sehr viele Hindernisse entgegen, die nicht so einfach zu überwinden sind. Es gibt Probleme, wie z.B. Krankheit, die du nicht vermeiden kannst. Du hast keine Wahl, du mußt sie erfahren. In solchen Zeiten solltest du die störenden Umstände in nützliche und notwendige Umstände verwandeln. Wenn es dir nicht möglich ist, das unter allen – erwünschten und unerwünschten – Umständen zu praktizieren, läufst du Gefahr, das Dharma zu verlieren.

Bist du wohlhabend, besteht die Gefahr, Dharma zu verlieren. In den Lehren der Gedankenumwandlung heißt es:

> *„Es ist besser, arm als wohlhabend zu sein.*
> *Armut bedeutet Glück. Der Arme, der viele*
> *Schwierigkeiten hat, kann das Buddha-Dharma*
> *verwirklichen. Es ist das Ziel des Dharma,*
> *den Körper eines Bettlers zu erlangen."*

Viele Lamas der Überlieferungslinie, wie zum Beispiel Milarepa, haben durch ihr asketisches Leben den Pfad verwirklicht und Erleuchtung erlangt. Dieser Vers bedeutet jedoch nicht, daß du das Leben eines Bettlers führen solltest. Hauptsächlich geht es dabei um das Abschneiden weltlicher Belange, denn sie sind die Grundlage aller Hindernisse, die der Vollendung der Dharmapraxis im Wege stehen.

Ein weiterer Vers lautet:

„Es ist nicht gut, gelobt zu werden;
besser ist es, kritisiert zu werden.
Es ist nicht gut, es leicht zu haben;
besser ist es, Schwierigkeiten erleiden zu müssen.
Probleme sind besser.
Hast du es zu leicht, verbrauchst du nur
die in vergangenen Leben angesammelten Verdienste.
Probleme sind der Segen des Guru."

Auch aufgrund deines guten Rufes oder deiner hohen Position kannst du Dharma verlieren. Zu Zeiten, in denen deine Lebenssituation als angenehm angesehen werden kann, in denen du ein nach weltlichen Maßstäben „glückliches" Leben führst, läufst du Gefahr, deine Praxis zu vergessen. Durch die Angst, auf diese Dinge wieder verzichten zu müssen, nachdem du sie einmal erlangt hast, kannst du das Dharma verlieren.

Aber auch wenn dir das Gegenteil wiederfährt und du auf schlechte oder unerwünschte Umstände triffst, besteht die Gefahr, das Dharma zu verlieren. Solche Situationen machen es sehr schwierig, die Lehren zu praktizieren. Wenn du dann auch noch das kleine bißchen Dharma verlierst, das du zu praktizieren versuchst oder vorgibst zu praktizieren, verarmt dein Leben sehr. Welche guten oder schlechten Umstände auch eintreten – du solltest stets in der Lage sein, sie zu verwandeln, so daß sie deiner Dharmapraxis keinen Schaden zufügen.

Durch ein Leben im Luxus brauchst du lediglich dein gutes Karma auf. Probleme zu haben und zu leiden, beendet dagegen dein negatives Karma aus früheren Leben. So kannst du Probleme als nützliche Umstände für die Verwirklichung der Erleuchtung betrachten. Probleme hindern dich nicht, die Erleuchtung zu erlangen – im Gegenteil: sie unterstützen dich darin.

Wenn dir ein Problem widerfährt, denke: „Dies ist der Segen meines spirituellen Lehrers. Diese Situation bedeutet Reinigung für mich, denn mein negatives Karma wird beendet und mein Geist übt sich in der Mahayana-Gedankenumwandlung. So werde ich zum Wohle der Lebewesen Erleuchtung erlangen. Das Problem gibt mir die Möglichkeit, meinen Geist zu entwickeln."

Wenn du auf unangenehme Umstände triffst, ist es äußerst wichtig, Hilfsmittel in der Hand zu haben. Für jede Art von Leiden gibt es eine entsprechende Meditation. Für ein Problem kannst du diese Lehre anwenden, für ein anderes jene. Wenn du die Lehren anwendest, wird jede Erfahrung von Leiden mit Tugend verbunden. Alle schmerzlichen Ereignisse werden zu etwas Heilsamem.

Wenn du Probleme akzeptierst, statt sie zurückzuweisen, verwandelt sich dein Geist; es hilft dir, Sorge und Furcht zeitweilig zu überwinden. Wenn du darüber hinaus die Probleme mit Heilsamem in Verbindung bringst (durch Entsagung, Bodhicitta oder Leerheit) und sie in Beziehung zu den Lamrim-Belehrungen setzt, werden diese Erfahrungen zu Dharma. Diesem Problem ausgesetzt zu sein wird zu einer Ursache für Glück. Es ist dann nicht nur so, daß dein in der Vergangenheit angesammeltes negatives Karma durch die Erfahrung des Problems abgegolten wird. Durch die Umwandlung dieser Erfahrung in Tugend wird sie auch zur Ursache für zukünftiges Glück.

Denke ausgiebig und immer wieder über diese Methoden nach und führe dir vor Augen, welch großen Nutzen du aus deinem Leid ziehen kannst. Probleme so zu erfahren ist genauso nützlich wie die Praxis der vorbereitenden Übungen, zum Beispiel das Darbringen des Mandala, Niederwerfungen und die Meditation über Bodhicitta. Es ist sehr wichtig, in allen Einzelheiten über den Nutzen von Problemen nachzudenken, denn du wirst hauptsächlich durch diese Methode befähigt, schlechte Umstände immer mehr zu mögen. Unerwünschte Situationen als etwas Angenehmes zu sehen, ist eine der kraftvollsten Übungen der Gedankenumwandlung. Dadurch wird Leiden in Glück verwandelt.

Benutze Probleme, um deinen Geist in Entsagung zu üben

Probleme sind eine Form von Unterweisung; sie geben dir eine klare Einführung ins Dharma und helfen dir, Samsara hinter dir zu lassen. Da Probleme dir deutlich machen, daß Samsara von Natur aus Leiden ist, verhelfen sie dir dazu, schnell und mit Leichtigkeit Entsagung zu entwickeln.

Egal welches Problem du hast – Fehlschläge, Unfähigkeit, ein Retreat zu machen, Krankheit und besonders Partnerschaftsprobleme –, sage dir: „Im Moment bin ich nicht frei. Ich wandere in Samsara umher und stehe unter der Kontrolle von Karma und Verblendung. Ich habe keinerlei Gewalt über Karma und Verblendungen. Das Problem, das ich gerade durchlebe, ist nicht etwas, das ich nicht verdient habe. Daß mir so etwas widerfährt, liegt in der Natur von Samsara." Allein durch diese Denkweise verschwinden plötzlich Angst und Sorge oder verringern sich zumindest sehr. Du regst dich weniger auf, und dein Geist wird wesentlich entspannter. Ganz gleich, welches Unglück dir widerfährt, es erscheint dir erträglicher, und du läßt dich nicht mehr davon überwältigen.

Denke dann: „Wenn schon die normalen Leiden der umherwandernden Wesen glücklicher Bereiche für mich so unerträglich sind, wie könnte ich dann die Leiden der Wesen in den unteren Bereichen aushalten?" Die Leiden der glücklichen Wanderwesen sind so geringfügig. Wenn man sie mit den Leiden der Wesen in den Höllen vergleicht, wo man schreckliche Qualen durch Kälte und Hitze durchstehen muß, sind sie geradezu etwas Vergnügliches. Ein einziger Funke des Höllenfeuers ist hunderttausendmal heißer als alle Feuer dieser Erde zusammen. Denke: „Wenn schon diese kleine Schwierigkeit eines Wanderwesens in den glücklicheren Bereichen für mich unerträglich ist, würde ich die Leiden der unteren Bereiche mit Sicherheit nicht aushalten können." Es ist äußerst hilfreich, so über die extremen Leiden dieser Höllenwesen nachzudenken.

Erinnere dich, wenn du Probleme hast, auch an die verschiedenen Leiden der Menschen. Denke an diejenigen, die mehr und größere Probleme haben – die nicht nur krank sind, sondern eine unheilbare Krankheit haben, z.B. Krebs oder Aids. Denke an jene, die eine Krankheit haben, für die es keine Medizin gibt oder die schwer zu heilen ist. Oder denke an jemanden, der keine Arbeit hat, an eine schwangere Frau, um die sich niemand kümmern will. Stelle dir vor wie es ist, Kinder mit einem Ehemann, einer Ehefrau oder einem Freund zu haben, der oder die keine Verantwortung übernehmen will und weggeht; denke an Probleme mit den Eltern, Beziehungsprobleme, Alkoholprobleme, Drogenprobleme. Selbst das Zusammenleben in einer Familie bringt so viele Probleme mit sich. Jede Person hat Schwierigkeiten auf einem anderen Gebiet – ist es nicht die Gesundheit, ist es etwas anderes. Denke auch an die Wesen, die dem Dharma nicht begegnet sind oder die keinerlei Freiheit haben, Dharma zu praktizieren, d.h. die Ursachen von Glück zu schaffen und die Ursachen von Leiden zu beseitigen.

Wenn du an andere denkst, die größere Probleme haben, wird dir dein eigenes Problem sehr klein erscheinen und wird erträglicher für dich. Dein Problem ist angenehm im Vergleich zu den größeren der anderen. Besonders verglichen mit den Qualen der unteren Bereiche, wird dein Problem geradezu zu etwas Vergnüglichem. Auf diese Weise überwindest du deine Abneigung gegen schlechte Umstände völlig.

Denke dann: „Samsara ist ein bodenloser Ozean des Leidens." Hier bezieht sich „Samsara" nicht auf diesen Ort oder dieses Haus, sondern auf die fünf Skandhas, die durch den Samen von Karma und Verblendung verunreinigt sind. Da du den Wahren Pfad und das Wahre Aufhören des Leidens in deinem Geist noch nicht erzeugt hast, ist der Eindruck, den Karma und Verblendung in deinem geistigen Kontinuum hinterlassen haben, noch nicht beseitigt. Du hast den Lamrim nicht praktiziert, daher liegen in deinem Geisteskontinuum jene Eindrücke oder Samen, und es entsteht

Anhaftung, sobald du auf ein Objekt des Begehrens triffst. Begegnet dir dagegen ein unerwünschtes Objekt, entsteht Ärger, und durch ein Objekt, das dir gleichgültig ist, Unwissenheit.

Verblendung entsteht zum einen, weil du die Eindrücke in deinem Geistesstrom noch nicht durch die Medizin des Pfades beseitigt hast, und zum anderen, weil du die Lehren und Meditationen des Lamrim nicht angewendet hast, um deinen Geist unter Kontrolle zu bringen. Die Verblendungen entstehen und motivieren eine karmische Handlung, die einen Eindruck im geistigen Kontinuum hinterläßt. Dieser Same wird zur Ursache für das Samsara der zukünftigen Leben. So entstehen die Skandhas aus Karma und Verblendung, und so sammelst du erneut aufgrund deiner Verblendung karmische Handlungen an. So wird die Kontinuität der Skandhas bzw. des Samsara in diesem und im nächsten Leben hergestellt. So kreist du in Samsara von einem Leben zum anderen. Dies nimmt erst ein Ende, wenn du das Karma und die Verblendungen überwunden hast, die dich an Samsara binden und die Skandhas in diesem Rad des Daseinskreislaufs gefangenhalten.

Zeige nicht auf irgendein äußeres Samsara, zeige auf deine eigenen Skandhas, während du dir sagst: „Dieses Samsara ist ein bodenloser Ozean des Leidens!". Bringe auf diese Weise die Probleme, die du erlebst, mit dem Dharma in Verbindung. Entwickle eine Abneigung gegen Samsara und wende deinen Geist der Befreiung zu! Wenn du die Natur von Samsara als Leiden erkennst, wirst du Entsagung entwickeln. Indem du dem Samsara entsagst, bringst du deinen Geist mit Heilsamem in Verbindung.

Wenn dir etwas Schlimmes zustößt, ist es gut zu denken: „Das ist nichts. Dieses Problem ist reine Spielerei." Ganz gleich, welche Katastrophe du erlebst, ob jemand deinen ganzen Besitz, deine Kleidung, dein Geld und alles andere stiehlt oder ob du einen Herzanfall hast, ob deine Frau, dein Mann oder dein Freund dich verläßt, denke immer: „Das ist nichts, es ist wie ein Spiel. Ich habe in der Vergangenheit so viel negatives Karma angesammelt; natürlich habe ich die Ursachen für dieses Problem geschaffen. Es ist nicht verwunderlich, daß nun diese Probleme auf mich zukommen. Diese Schwierigkeiten mußten einfach eintreten. Ich erlebe dieses Resultat, weil ich es verdient habe und weil die Natur von Samsara eben so ist. Ich sollte mich von diesem Problem nicht entmutigen lassen. Da ich noch weit schlimmeres negatives Karma angesammelt habe, ist das, was mir jetzt zustößt, das reinste Vergnügen für mich. Weit Schlimmeres steht mir noch bevor!"

Wenn du sie mit noch größeren Schwierigkeiten vergleichst, verringern sich deine momentanen Probleme psychologisch gesehen. Alle Lamrim-Unterweisungen der Mahayana-Gedankenumwandlung sind in der Tat sehr tiefgründige psychologische Methoden. Sie beseitigen sogar die Ursachen des Leidens von Grund auf. Sie bewirken nicht nur, daß Karma und Verblendungen vollständig überwunden werden, sondern löschen auch die subtilen Eindrükke, die in deinem Geisteskontinuum zurückgeblieben sind – so führen sie dich zum makellosen Glück der Erleuchtung. Der Stufenweg ist eine äußerst wirkungsvolle psychologische Methode des Buddhismus, die die Lebewesen in den Zustand des allwissenden Geistes versetzt.

Benutze Probleme, um deinen Geist in der Zufluchtnahme zu üben

Du kannst deine Probleme benutzen, um deinen Geist in der Zufluchtnahme zu üben und Vertrauen in Buddha, Dharma und Sangha zu entwickeln.

Denke an all die Leiden, die du Leben für Leben erfahren mußt! Die Drei Juwelen sind der einzige untrügerische Schutz, die einzige Zuflucht vor diesen Leiden. Sage dir daher: „Welche Probleme oder Schwierigkeiten auch immer in meinem Leben auftreten – ich werde mich einzig auf die Drei Juwelen verlassen."

Nicht nur die Leiden der unteren Bereiche, sondern das gesamte samsarische Leiden, das Wahre Leiden sowie die Wahre Ursache des Leidens entstehen aus Unwissenheit und Verblendung. Bis jetzt haben diese Verblendungen karmische Handlungen motiviert und Eindrücke im Bewußtsein hinterlassen, so daß du immer wieder samsarische Skandhas angenommen und Leid erfahren hast. Immer wieder bist du den Erfahrungen von Leiden, Wiedergeburt und Tod ausgesetzt. Ohne Anfang sind die von dir begonnenen Leben, aber das Karma, das dich in diese – von Karma und Verblendungen erzeugten – Skandhas hineinwirft, findet immer noch kein Ende.

„In der Zukunft werden noch unzählige karmische Eindrücke heranreifen, die solche Resultate hervorbringen – Ozeane von samsarischen Leiden. Wer kann mich vollständig von den Ursachen des Leidens und dem Wahren Leiden befreien? Nur die Drei Juwelen besitzen die Macht, mich aus Samsara zu befreien. Da sie alle diese Fähigkeiten besitzen, sollten sie auch fähig sein, mich von dem Problem zu befreien, das ich im Moment erfahre. Ich werde es nicht aufgeben, Zuflucht zu nehmen, egal wie schwer mein Leben ist oder wie viele Probleme ich habe. Ich werde Buddha, Dharma und Sangha nicht aufgeben." Auf diese Weise nutzt du deine Probleme, um deinen Geist in der Zufluchtnahme zu üben.

Benutze Probleme, um Stolz zu überwinden

Du besitzt keinerlei Freiheit, sondern stehst immer unter der Kontrolle von Karma und Verblendungen und der verschiedenen Arten von Leiden – alles durchdringendes Leiden, Leiden der Veränderung und Leiden des Leidens. Führe dir dies vor Augen und denke: „Ich werde meinen Feind, den Stolz, zerstören, denn er vernichtet alle guten Eigenschaften. Ich werde die bösartige Geisteshaltung der Selbstsucht abschneiden, unter deren Einfluß mir andere Lebewesen gleichgültig sind".

Wenn du an deine eigenen Probleme denkst, kommt normalerweise kein Stolz auf. Im Bodhicharyavatara wird erwähnt, daß du deinen Stolz zerstörst und Mitgefühl gegenüber samsarischen Wesen entwickelst, sobald du vom Leiden aus der Fassung gebracht wirst.

Du wirst vorsichtig, was negatives Karma betrifft, und es inspiriert dich dazu, Heilsames zu tun.

In den Unterweisungen zur Gedankenumwandlung heißt es, daß der Stolz, der entsteht, wenn du gelobt wirst, sofort wieder durch Kritik zunichte gemacht werden kann. Daher heißt es in einer Unterweisung zur Gedankenumwandlung:

> *„Es ist nicht gut, gelobt zu werden, es ist besser kritisiert zu werden. Werde ich gelobt, entstehen Hochmut und Stolz; werde ich jedoch kritisiert, werden meine Fehler weggeblasen."*

Mit anderen Worten: Betrachten wir die Vorteile von Problemen, wird es klar, wie hilfreich Kritik ist. Sie zerstört erstens unseren Stolz und zweitens hält sie uns davon ab, weitere Fehler zu begehen. Durch sie können wir Fortschritte in unserem Leben machen.

Wenn du gelobt wirst, entsteht Stolz, der dich nur in eine Wiedergeburt in den unteren Bereichen führt, wo du keine Freiheit hast, Dharma zu praktizieren. Oder dein Hochmut verdammt dich zu einem Leben in Armut, in einer niedrigen Kaste, blind oder als Sklave. Selbst wenn du dir dann vieles wünschst, hast du es schwer, es zu erlangen. Du wirst nur sehr begrenzt die Fähigkeit besitzen, etwas für dein eigenes Glück oder das der anderen zu tun. Der entscheidende Punkt ist hier, daß du deinen Geist und deine guten Eigenschaften nicht entwickeln kannst, wenn du Stolz aufkommen läßt. Die Kadampa-Geshes sagen: „Gießt man Wasser auf eine vollständig runde Fläche, wie zum Beispiel einen Ball, kann es sich darauf nicht halten. Genauso wenig können sich gute Eigenschaften im Geist einer Person halten, die sich vor Stolz aufgebläht hat." Die Kadampa-Geshes erklären, daß alle Lehren des Buddha darauf abzielen, Stolz zu überwinden.

Eine der wichtigsten Methoden, um Stolz unter Kontrolle zu bringen, ist das Nachdenken über die eigenen Fehler. Wenn du nur an deine guten Eigenschaften denkst, entsteht Stolz; denkst du aber an deine Fehler, verschwindet der Stolz aus deinem Geist. Denke zum Beispiel daran, wie unwissend du in bezug auf all die vielen Dharma-Themen in Sutra und Tantra bist. Denke auch an all die Lehren, die du gehört, aber noch nicht verwirklicht hast. Obwohl es Punkte des Pfades gibt, die du glaubst verstanden zu haben, kennst du sie doch nur den Worten nach, und es fehlt dir die Verwirklichung. Denke daran, daß du selbst nach den Maßstäben herkömmlicher weltlicher Erziehung ziemlich unwissend bist. Du verstehst nicht einmal die Natur deiner fünf Skandhas und deiner Sinne. Führst du dir das vor Augen, hilft es dir, Stolz zu vermeiden.

Der Nutzen von Freude auf dem Pfad

Eine andere wichtige Praxis ist die Freude – auch sie verhindert das Auftreten von Stolz, Eifersucht und Wut. Freue dich, wann immer du hörst, daß jemand erfolgreich ist. Selbst wenn jemand seine samsarischen Ziele erreicht, z.B. Erfolg in geschäftlichen Dingen hat, solltest du dich freuen und dir sagen: „Das ist ja wundervoll!" Erzählt dir jemand, daß dein Feind oder Freund den Partner gefunden hat, den er sich wünschte, praktiziere wieder Freude: „Wie schön, daß dieses Lebewesen das Glück gefunden hat, nach dem es gesucht hat!" Fühle dich so glücklich, als hättest du selbst etwas bekommen, was du dir schon lange gewünscht hast. Mit anderen Worten: Schätze andere wie dich selbst. Sei glücklich, daß andere Glück gefunden haben, so als hättest du es selbst gefunden.

Wenn du nur dich selbst schätzt, ist es dir nicht möglich, dich für andere zu freuen; schätzt du jedoch andere wie dich selbst, geschieht das von ganz allein. Liegt dir das Wohl der anderen am Herzen, fühlst du dich ganz von selbst glücklich, wenn eine Person das Glück findet, nach dem sie gesucht hat – du brauchst nicht einmal über die Gründe nachzudenken. Wenn du das Wesen schätzt, dem etwas Gutes widerfährt, empfindest auch du ganz spontan Glück.

Begegnest du gutaussehenden Menschen, denke: „Wie wundervoll, diese Person hat jetzt, als Resultat ihrer Praxis von Geduld und ihrer moralischen Lebensführung in vergangenen Leben, einen schönen Körper erlangt." Siehst du jemanden, der sehr wohlhabend ist, denke: „Wie wunderbar, diese Person erfährt nun dieses gute Karma als Resultat ihrer Großzügigkeit den Lebewesen gegenüber und aufgrund ihrer Opfergaben an die Drei Juwelen in der Vergangenheit." Wenn jemand sehr intelligent ist, das Dharma besser versteht als du oder viel Zeit in meditativer Zurückgezogenheit verbracht hat, während du nicht die Gelegenheit dazu hattest – freue dich für sie oder ihn. Benutze all diese Gelegenheiten, um Freude zu praktizieren, dann sammelst du unvorstellbar viel Verdienst an. Steht ein anderes Wesen auf einer niedrigeren geistigen Stufe als du, und du freust dich über seine Ansammlung von Verdienst, sammelst du mehr Verdienst an als es selbst – doppelt so viel. Steht es auf einer höheren geistigen Stufe als du, sammelst du die Hälfte seines Verdienstes an, wenn du Mitfreude praktizierst.

Ohne große Vorbereitung oder besondere Anstrengungen von Körper oder Sprache kannst du, nur durch die Praxis der Freude, in einer Sekunde unendlich viel Verdienst ansammeln. Du könntest den ganzen Weltraum damit anfüllen. Wenn du diese Methode wirklich praktizieren kannst, ist sie das leichteste und weitreichendste Mittel zum Ansammeln von Verdienst.

Benutze jede gute Eigenschaft, die du in anderen Lebewesen findest, zur Praxis der Mitfreude – dann entsteht weder Eifersucht noch Stolz. Unter dem Einfluß von Eifersucht könntest du den Versuch unternehmen, den Erfolg oder das Glück anderer zu stören. Gibst du dagegen Eifersucht auf und praktizierst Freude, schaffst du damit die Ursache für zukünftigen Erfolg, selbst wenn er dir im Moment fehlt. Erfreue dich daran, daß andere problemlos in der Lage sind, viel zu praktizieren und sich jetzt zur Meditation zurückzuziehen, und daß sie dadurch viele Erkenntnisse und Verwirklichungen erlangen können. Damit schaffst du die Ursache, später selbst solche Erfahrungen machen zu können.

Erlaubst du andererseits dem Stolz und der Eifersucht, in dir zu entstehen, erreichst du das Gegenteil – du schaffst lediglich Hindernisse für deinen jetzigen und zukünftigen Erfolg – nicht nur in Bezug auf die Praxis des Dharma und die Weiterentwicklung deines Bewußtseins, sondern auch in Bezug auf weltliche Angelegenheiten in diesem Leben. Freude ist eine sehr wirkungsvolle psychologische Methode und ein sehr wichtiger Teil des täglichen Lebens. Die Unfähgikeit sich zu freuen, ist ein Anzeichen für ein tiefes Problem. So etwas kann Menschen unter Umständen sogar in den Wahnsinn treiben. Wenn wir dagegen Mitfreude empfinden, wenn andere samsarische Erfüllung erfahren und das Glück finden, nach dem sie sich gesehnt haben, werden viele unserer eigenen Probleme gelöst.

Ohne die Praxis der Freude und des Austauschens von selbst mit anderen, wirst du in deinem Leben weder Glück noch Frieden finden – ganz gleich, wie viele Jahre du diesen kostbaren menschlichen Körper besitzt oder wieviel Reichtum, Intelligenz, weltliche oder Dharma-Ausbildung du hast. Die Unfähigkeit, dich zu freuen, macht dich wahnsinnig und motiviert dich zu verrückten Handlungen. Solange du lebst, bist du verrückt.

Du trägst das Potential des Buddha in deinem Herzen und hast deinen kostbaren menschlichen Körper, daher hast du die Möglichkeit, dir selbst und anderen von großem Nutzen zu sein. Übst du aber in deinem täglichen Leben nicht in der eben beschriebenen Weise, vergeudest du deine Möglichkeiten.

Nutze Probleme, um negatives Karma zu reinigen

Ein anderer Vorteil von Problemen ist, daß du durch sie negatives Karma reinigen kannst. Denke: „Alle meine Probleme sind das Resultat meines negativen Karma." Erinnere dich an die vier Hauptpunkte der Unterweisungen über Karma und wende sie auf das Problem an, unter dem du momentan leidest: Karma ist eindeutig, Karma dehnt sich aus, wir können kein Resultat erfahren, wenn wir die Ursachen nicht erschaffen haben, und einmal geschaffenes Karma geht nie verloren.

Frage dich: „Warum erlebe ich dieses Beziehungsproblem? Warum gibt es so viele Konflikte in meinem Leben? Warum ist mein Alltag voller Streit?" Dann erinnere dich an die negativen Handlungen, die du in diesem Leben begangen hast. Auch in vergangenen Leben hast du aufgrund deines selbstsüchtigen Geistes negatives Karma geschaffen. Du hast dich in sexueller Hinsicht fehlerhaft verhalten und hast Disharmonie zwischen Lebewesen geschaffen, die vorher gut miteinander auskamen. „Ich habe dieses negative Karma selbst geschaffen und werde mit Sicherheit das Resultat erfahren. Ich erlebe nun diese Probleme immer wieder, da Karma die Eigenschaft hat, sich zu vervielfältigen. Hätte ich sexuelles Fehlverhalten und die anderen Arten von negativem Karma in vergangenen Leben aufgegeben, müßte ich diese Probleme jetzt nicht erfahren. Jetzt finde ich keine harmonische Beziehung, sondern sehe mich vielen Streitigkeiten und Problemen ausgesetzt, da ich in früheren Leben nicht auf sexuelles Fehlverhalten verzichtet habe. Hätte ich mich in meinen Vorleben heilsam und ethisch korrekt verhalten, wäre mein Leben jetzt sehr glücklich und harmonisch. Da ich aber dieses gute Karma nicht geschaffen habe, kann ich auch jetzt keine guten Resultate erwarten."

Das von dir angesammelte Karma geht nicht verloren, selbst wenn manchmal einhundert Äonen verstreichen, bevor sich seine Auswirkungen zeigen. Wenn der richtige Zeitpunkt und die richtigen Umstände gekommen sind, reift das Karma heran. Sage dir: „In der Vergangenheit habe ich dieses negative Karma nicht mit Hilfe der vier Kräfte gereinigt und habe nicht das Gegenmittel, den Pfad, erzeugt, daher habe ich nicht die Bedingungen geschaffen, die dieses Karma beenden könnten. Da ich nichts dergleichen getan habe, muß ich jetzt die Auswirkungen erfahren." Auf diese Weise wendest du die vier Hauptpunkte der Unterweisungen über Karma auf dein momentanes Problem an.

Überprüfe es für dich selbst und sage dir dann: „Dieses Problem ist eine Unterweisung, die mich auf etwas hinweist. Wenn ich es nicht mehr erfahren möchte, sollte ich seine Ursache, unheilsames

Verhalten, aufgeben." Zwei Dinge sind im Zusammenhang mit deinem negativen Karma von großer Bedeutung. Erstens solltest du das negative Karma, das bereits angesammelt wurde, mit den vier Kräften reinigen. Zum anderen solltest du versuchen, die negativen Handlungen nicht nocheinmal zu begehen. So betrachtet wird dein Problem zu einer äußerst nützlichen Unterweisung.

Milarepa zum Beispiel sagte sich, nachdem er schwarze Magie ausgeübt und viele Menschen getötet hatte: „Ich bin ein sehr böser Mensch. Ich sollte meine schlechten Taten bekennen, sie bereinigen und Dharma praktizieren." Der Lama, der ihm schwarze Magie beigebracht hatte, gab Milarepa den Rat, Marpa aufzusuchen. Er zog daraufhin davon, um seinen Guru zu treffen und Dharma zu praktizieren. Als Resultat seiner Praxis erlangte er die Erleuchtung noch im selben Leben.

Es gibt viele Geschichten dieser Art. Sie handeln von Menschen, die schwere Probleme durchlebten und danach des weltlichen Lebens so völlig überdrüssig wurden, daß sie einen Lehrer aufsuchten, Unterweisungen erbaten und sich zur Meditation an einen einsamen Ort zurückzogen. Dort praktizierten sie und verwirklichten die Drei Prinzipien des Pfades; sie erlangten sehr hohe Realisationen des Tantra und schließlich die Erleuchtung. Das hat sich schon sehr oft so zugetragen. Am Anfang hatten sie keineswegs die Absicht, ihr ganzes Leben dem Dharma zu widmen, aber dann erfuhren sie ein sehr schwerwiegendes Problem, durch das sie vollständige Entsagung entwickelten. So erging es vielen Menschen – Laien, Nonnen und Mönchen. Sie wurden durch solche Ereignisse zu sehr reinen Praktizierenden des Dharma, die viele Entbehrungen auf sich nahmen und hohe Verwirklichungen der Stufen und Pfade erlangten.

Gib nicht nur die schweren negativen Handlungen auf, sondern auch kleine unheilsame Handlungen, denn du wünschst dir ja nicht nur die großen Freuden, sondern auch kleine Annehmlichkeiten, selbst wenn sie dir nur im Traum widerfahren. Du möchtest nicht nur ernste Probleme vermeiden, sondern nicht einmal einen unangenehmen Traum haben, vermeide daher auch die allerkleinste negative Handlung.

Nutze Probleme als Inspiration für heilsames Tun

Durch Probleme beginnst du Heilsames zu mögen. Es wird gesagt: „Schlechte Umstände überreden dich dazu, Heilsames zu tun." Seine Heiligkeit Trijang Rinpoche sagte einmal, daß du negatives Karma aufgeben, dich reinigen und Verdienst ansammeln solltest, wenn du Leiden nicht magst.

Erlebst du irgendein Problem, so ist die Abwesenheit dieses Problems Glück. „Möchte ich glücklich sein und nicht dieses Problem erfahren, sollte ich die Ursache dafür schaffen." Wenn du so denkst, werden Probleme zu Unterweisungen, die dich dazu inspirieren, die Ursache für Glück zu schaffen. Denke: „Die Tatsache, daß ich dieses Problem erfahre, sagt mir, daß ich die Ursache für Glück erschaffen muß, wenn ich es erleben will."

Wenn du keinerlei Probleme hast, wird dein Geist vollständig von deinem angenehmen Leben abgelenkt und du vergißt, Dharma zu praktizieren. Bist du andererseits Schwierigkeiten ausgesetzt, zum Beispiel wenn du Anschuldigungen ertragen mußt, obwohl du gar keinen Fehler gemacht hast, oder wenn du Krankheit und Verluste hinnehmen mußt, wird das zur Ursache dafür, Samsara zu entsagen und Tugend zu praktizieren.

Weil du gerne auch die kleinste Annehmlichkeit haben möchtest, solltest du dich nicht nur bemühen, in großen Dingen Verdienst anzusammeln, sondern solltest selbst die kleinsten Tugenden praktizieren. Nimm jede Gelegenheit wahr, während der vier Arten von Handlungen – Essen, Gehen, Sitzen, Schlafen – Tugend anzusammeln. Jedesmal wenn du ißt oder trinkst, kannst du es zu einer heilsamen Handlung machen, indem du den Drei Juwelen Gaben darbringst. Es ist auch wichtig, daß du, so gut du kannst, für die anderen Lebewesen – Menschen und Tiere – um dich herum sorgst und ein gutes Herz ihnen gegenüber entwickelst. Arbeite für ihr

Wohl, indem du ihnen die Hilfe gewährst, die sie brauchen. Tue alles, was in deiner Macht steht, um sie glücklich zu machen. Vielleicht genügen schon ein paar liebe Worte oder ein interessantes Gespräch, das ihrem Geist hilft, ihre Probleme aufzulösen und sie froh zu machen. Wann immer sich dir eine Gelegenheit bietet, Heilsames mit Körper, Sprache und Geist zu tun – nutze sie!

Benutze Probleme, um Liebe und Mitgefühl zu entwickeln

Probleme sind auch nützlich, weil sie dir die Gelegenheit geben, deinen Geist im Mitgefühl zu üben. Jeder, der nicht völlig verrückt ist, muß einsehen, daß Mitgefühl etwas Gutes ist. Um das zu verstehen, mußt du nicht unbedingt die Existenz von Reinkarnation oder Karma, d.h. die Verknüpfung von Handlung und Resultat von einem zum anderen Leben, anerkennen.

So viele Lebewesen haben ähnliche Probleme wie du! Es gibt auch viele, die noch mehr oder viel schwerere Probleme haben als du. Vielleicht haben sie auch das gleiche Problem wie du, leiden aber viel mehr darunter; oder sie sind neben diesem auch noch vielen anderen Problemen ausgesetzt. „So wie ich Glück möchte und nicht Leid, möchten auch alle anderen Glück und nicht Leid. Wir sind gleich. Wie schön wäre es, wenn alle Lebewesen frei wären von all ihren Leiden." Zusätzlich zu diesem Gedanken des Unermeßlichen Mitgefühls, erzeuge das Große Mitgefühl: „Ich werde dafür sorgen, daß sie von diesem Leiden frei werden." Dein Problem wird so zur Ursache für die Entwicklung des Großen Mitgefühls.

Im Bodhicharyavatara gibt es einen sehr wirkungsvollen Vers zur Umwandlung des Geistes:

„Mein Karma ist dafür verantwortlich,
daß mir dieses Leid widerfährt.
Habe nicht ich diesem Wesen Schaden zugefügt
und dafür gesorgt,
daß es sich in der Tiefe der Höllenbereiche verloren hat?"

„Wenn dir von einer anderen Person Leid zugefügt wird," sagt Shantideva, „geschieht dies nur, weil du im vergangenen Leben eine Verbindung zu diesem Lebewesen hergestellt hast, indem du ihm geschadet hast. Dieses Karma veranlaßt es, dir in diesem Leben Leid zuzufügen. Allein dein Karma bringt es dazu, negatives Karma zu schaffen, indem es dich leiden läßt. Später wird es aufgrund dieses negativen Karmas in die Tiefen der Hölle hinabfallen. Indem du es veranlaßt, negatives Karma zu schaffen, stößt du es in die Höllenbereiche hinab."

Diese Unterweisung von Shantideva ist äußerst wirkungsvoll, wenn andere dich schlecht behandeln oder nicht respektieren. Es genügt, so zu denken, wenn andere dir Probleme bereiten, und schon kann Ärger nicht mehr entstehen. Du gibst dem Ärger keine Gelegenheit, in dir hochzusteigen, und Mitgefühl muß entstehen – es geht gar nicht anders. Anstatt auf Rache aus zu sein, hast du den Wunsch, der anderen Person durch deine Handlungen von Körper, Sprache und Geist zu helfen. Du hast nur noch den Wunsch, ihren Geist friedlich zu stimmen und sie davon abzuhalten, negatives Karma zu schaffen. Du versuchst nur noch, sie dazu zu bewegen, ihr negatives Handeln zu beenden und das negative Karma, das bereits angesammelt wurde, zu reinigen.

Probleme geben dir auch Gelegenheit, deinen Geist in Liebe zu üben. Aufgrund deines Problems besitzt du weder weltliches noch letztendliches Glück. Denke nun an die vielen anderen Lebewesen, die ebenfalls weder weltliches noch letztendliches Glück besitzen. In eurem Wunsch nach Glück seid ihr euch völlig gleich. Denke: „Wie wundervoll wäre es, hätten alle Lebewesen das Glück, das sie sich wünschen." Entwickle nicht nur den Gedanken der Unermeßlichen Liebe, sondern auch den der Großen Liebe: „Ich werde dafür sorgen, daß sie alle dieses Glück erlangen."

6
Deine Probleme für andere erfahren

Erfahre alles Unangenehme in deinem Leben stellvertretend für alle Lebewesen.

Nutze Probleme, um Bodhicitta zu erzeugen und die Selbstsucht zu zerstören. Probleme sind gut für dich, denn sie geben dir die Gelegenheit, deinen Geist in Bodhicitta zu üben, so daß das Leiden anderer zu etwas Unerträglichem für dich wird. Bodhicitta zu praktizieren und dich selbst mit anderen auszutauschen bedeutet, dich selbst statt der anderen aufzugeben und die anderen statt deiner selbst wertzuschätzen.

Im Bodhicharyavatara sagt der große Bodhisattva Shantideva, daß du nicht erleuchtet werden kannst, wenn du nicht dich selbst mit anderen austauschst. Ohne diese Praxis gibt es nicht einmal samsarisches Glück für dich; in den Aufgaben dieses Lebens wirst du keinen Erfolg haben – ganz zu schweigen von zukünftigen Leben. Ohne diese Praxis des guten Herzens kannst du kein Glück in deinem täglichen Leben erfahren, so sehr du es dir auch wünschen magst. Ohne sie wird es in deinem Alltag keinen Frieden geben.

Die Praxis von Bodhicitta ist nicht nur für Menschen geeignet, die die Erleuchtung oder Glück in zukünftigen Leben anstreben, sondern auch für jene, die die Tatsache der Wiedergeburt nicht anerkennen und nichts über Karma wissen – d.h. nicht wissen, daß Tugend Glück zur Folge hat und Untugend Leiden. Selbst weltliche Menschen, die kein höheres Ziel als ihr Glück in diesem Leben verfolgen und sich dieses Glück nur für sich selbst, nicht für andere Lebewesen wünschen, müssen das gute Herz von Bodhicitta praktizieren, wenn sie ernsthaft glücklich sein wollen und Leiden vermeiden möchten. Auch sie müssen sich selbst zurücknehmen und andere Wesen wertschätzen.

Ein Bodhisattva erfährt zwar Probleme, die das Ergebnis seines in der Vergangenheit angesammelten negativen Karma sind, aber er erfährt sie zum Wohle anderer Lebewesen. Dabei wird aus dem Problem Glück; aus ungünstigen Umständen werden glückbringende Bedingungen; aus einem elenden Leben wird ein zufriedenes Leben.

Wenn du in deinem Alltag Selbstaufgabe praktizierst und andere Lebewesen wertschätzt, erfährst du deine Probleme zum Wohle der anderen. Dann stellen Probleme kein Hindernis dar, im Gegenteil – sie unterstützen die Verwirklichung des Stufenpfades zur Erleuchtung. So geht es dir gut in deinem Leben. Solange du der Selbstsucht nachgibst, entstehen dauernd Probleme, Mißerfolg und Zwietracht. Je stärker deine eigennützige Haltung ist, desto stärker sind Wut, Eifersucht, Anhaftung und Unzufriedenheit. Je mehr Raum du der Selbstsucht in deinem Geist gibst, desto mehr nehmen Unzufriedenheit und Anhaftung zu. Immer mehr Probleme entstehen in deinem täglichen Leben – eins nach dem anderen.

Dein eigennütziger Geist will, daß du der oder die Beste bist, den allerbesten Ruf besitzt, am wohlhabendsten bist; er will, daß die anderen ärmer und schwächer sind als du. Er will, daß du an erster Stelle stehst, vor allen anderen. Dein eigennütziger Geist will, daß die Bemühungen der anderen fehlschlagen und daß du allein Erfolg hast. Wenn es nicht nach den Wünschen deines selbstsüchtigen Geistes geht, stellen sich Eifersucht, Wut, Boshaftigkeit, starke Anhaftung und andere Verblendungen ein. Aufgrund dieser negativen Gedanken sammelst du verschiedene unheilsame Handlungen und damit negatives Karma an. Als Resultat dieses Karma erfährst du nur das Leiden des Leidens, nur Probleme – selbst weltliches Glück wird zerstört.

Je weniger du dich selbst mit anderen austauschst, und je stärker dein selbstsüchtiger Geist ist, desto mehr fühlst du dich durch Dinge und Lebewesen gestört. Je selbstbezogener und um dein eigenes Glück besorgt du bist und je öfter du denkst: „Ich habe dieses Problem. Ich habe das Problem. Wann werde ich endlich glücklich sein?", desto mehr erscheinen dir die Dinge und Lebewesen als störend und desto mehr erfährst du alle Beeinträchtigungen und Störungen, die du erlebst, als Leiden und Probleme.

Mache dir, sobald ein Problem entsteht, sofort bewußt, woher es kommt: „Dieses Problem verdanke ich meiner eigennützigen Haltung." Versuche jedesmal, die wirkliche Ursache deiner Schwierigkeiten zu erkennen, denn solange du die ganze Schuld außen suchst, wirst du nie glücklich werden. In Wahrheit kommen alle Schwierigkeiten im Leben von der Eigennützigkeit. Alle Probleme sind das Resultat von negativem Karma, das du in der Vergangenheit aufgrund deiner Selbstsucht angesammelt hast. Weil du unter der Kontrolle deiner selbstsüchtigen Haltung stehst, gibst du, motiviert durch dein negatives Karma, den Verblendungen Raum. Die Probleme deines täglichen Lebens hängen also einerseits vom negativen Karma der Vergangenheit ab, das du unter der Kontrolle der Selbstsucht angesammelt hast, andererseits aber auch von deiner eigennützigen Haltung in der Gegenwart.

In der „Geistesschulung in sieben Abschnitten" wird die „Praxis der fünf Kräfte" gelehrt. Einer der wichtigsten Punkte dieser Übung ist, der Selbstsucht die ganze Schuld zu geben. Auf diese Weise entwickelst du eine Abneigung gegen die eigennützige Einstellung und kannst sie als Feind erkennen. Anstatt mit dieser Haltung eins zu werden, trennst du dich von ihr. So werden alle deine alltäglichen Handlungen zu reinem Dharma. Solange der Feind, die selbstsüchtige Haltung, in deinem Herzen wohnt, gibt es keinen Raum, Bodhicitta zu erzeugen. Sie macht es unmöglich, Erleuchtung zu erlangen und alle Wesen in vollkommener Weise zu führen.

Ganz gleich, welche schwierigen Umstände auch entstehen – gib deiner Selbstsucht die Schuld. Denke, daß diese Schwierigkeit ein Resultat deiner fehlerhaften Haltung ist. Gib alle Probleme und unerwünschten Dinge, die deine eigennützige Einstellung dir gegeben hat, an sie zurück. Indem du ihr alle Probleme zurückgibst, benutzt du sie als Waffe, mit der du deine Selbstsucht zu Fall bringst. So kannst du die Schwierigkeiten, durch die du gehen mußt, auch wenn sie unerträglich erscheinen, nicht nur annehmen, sondern auch deine eigennützige Haltung durch sie zerstören. Das Erleben und Akzeptieren von Problemen wird dann wirklich zu Dharma.

Probleme anstelle von anderen Lebewesen auf dich nehmen und dich selbst mit anderen austauschen ist die Praxis von Bodhicitta. Sie ist fraglos die wirkungsvollste Methode, um in kürzester Zeit ein großes Maß an Verdienst anzusammeln und eine der besten Reinigungsübungen. Aber selbst wenn du nicht so praktizieren kannst, solltest du alles Unerwünschte, das dir widerfährt, an den selbstsüchtigen Gedanken zurückgeben und ihn damit zerstören.

Solch eine Sichtweise von Problemen wird zum Gegenmittel gegen den eigennützigen Gedanken und damit zum höchsten Dharma. Wenn du die Schwierigkeiten deines Lebens so nutzen kannst, werden sie zu etwas Heilsamem. So kann jemand Dharma praktizieren, selbst wenn er nicht auf Buddha, Dharma und Sangha vertraut. Selbst wenn eine Person nicht an die Lehren von Karma glaubt, aber ihre Probleme dazu benutzt, den eigenen selbstsüchtigen Geist zu vernichten, praktiziert sie reines Dharma.

Gib deiner selbstsüchtigen Haltung alle Schuld. Statt bei jeder Schwierigkeit zu denken: „Das ist mein Problem", erkenne sie als Problem der Selbstsucht und zerstöre die Selbstsucht dadurch, daß du das Problem an sie zurückgibst. Besonders wirksam ist es, deine Angst vor einem schlechten Ruf und vor Kritik für die Zerstörung deiner eigennützigen Haltung zu benutzen. Dann können all die Ängste, Sorgen und Wahnvorstellungen, unter denen du normalerweise leidest, nicht mehr entstehen. Das ist die vollkommenste und tiefgründigste psychologische Methode des Dharma – sie geht die selbstsüchtige Haltung, die Quelle aller Probleme, direkt an, und bringt sie zum Verschwinden.

Es gibt viele Leiden, durch die du immer wieder gehst oder mit denen du leben mußt: Krankheiten, körperliche Behinderungen,

Lähmungen, Schädigungen durch Geister, unvollkommene Sinne oder ein behindertes Kind. Vielleicht wirst du auch immer wieder von deinem alkoholsüchtigen Partner oder deiner Partnerin mißhandelt und geschlagen. Immer wenn dein Ehemann oder deine Ehefrau nach Hause kommt, gibt es Streit und Schlägereien. Immer wenn ihr zusammen seid, zankt ihr euch. Ihr trennt euch nicht, aber wenn ihr zusammen seid, seid ihr immer unglücklich, und euer Leben wird von Zwietracht überschattet. Vielleicht bist du völlig in solch einer fürchterlichen Situation gefangen, in der du nicht die Kraft hast, irgend etwas zu tun und nicht die Freiheit, ihr zu entfliehen. Wenn dir so etwas widerfährt, ist es am besten, zu denken: „Alle diese Probleme habe ich nur aufgrund meines selbstsüchtigen Denkens." Gib alle Probleme an den selbstsüchtigen Gedanken zurück und entscheide dich, dieses Problem stellvertretend für andere Lebewesen zu erfahren. Das ist die mutigste und wirkungsvollste Praxis.

Denke: „Ich bin immer noch nicht frei von diesen Problemen, weil ich seit anfanglosen Leben nur für mein eigenes Wohl gesorgt habe; andere Lebewesen habe ich stets vernachlässigt. Ab jetzt werde ich mein Leben nur im Geiste von Bodhicitta und der Wertschätzung anderer verbringen, denn das ist die Quelle allen Glücks und aller guten Eigenschaften".

Nehmen und Geben

Wende die Praxis des Tong-Len an, wenn du ein Problem hast. Dabei nimmst du die Leiden anderer Lebewesen und deren Ursachen in dein Herz auf und gibst ihnen alles Angenehme wie z.B. deinen Körper, deinen Besitz, dein Glück und deinen Verdienst. Mache dir klar, daß du deine Krankheit oder dein spezielles Problem mit vielen anderen Wesen teilst, und nimm dieses Problem zusammen mit den Leiden aller anderen Wesen und deren Ursachen auf dich. So erfährst du das Problem oder die Krankheit stellvertretend für andere.

Indem du denkst: „Ich erlebe das für andere Lebewesen", wird die Erfahrung der leidvollen Situation zu etwas Heilsamem. Du erlebst dieses Problem stellvertretend für all jene, die die gleichen Schwierigkeiten oder andere Arten von Leiden erfahren, daher bewirkt deine Erfahrung eine intensive innere Reinigung und wird zu einem Mittel, um Verdienst anzusammeln. Da die Zahl der Lebewesen, deren Leiden du auf dich nimmst, unendlich ist, sammelst du unendlich viel Verdienst an.

Krankheit als Pfad nehmen

S.H. Trijang Rinpoche bezeichnet Krankheiten als den Besen, der Hindernisse und negatives Karma wegfegt. Du solltest dich glücklich schätzen, wenn du krank wirst und denken: „Ich muß die Resultate des von mir in der Vergangnheit angesammelten negativen Karmas auf jeden Fall erfahren. Nun ist dies Karma in diesem Leben herangereift. Wäre es nicht so, müßte ich das Resultat in unzähligen Wiedergeburten in den niedrigen Bereichen erleben." Solche Gedanken erlauben dir, ein Leben mit einem entspannten und glücklichen Geist zu führen. Da dein Geist entspannt ist, können dich äußere Bedingungen nicht aus der Fassung bringen, und deine Dharmapraxis wird durch sie nicht unterbrochen.

Denke auch: „In der Vergangenheit habe ich die Praxis von „Nehmen und Geben" ausgeführt. Dabei habe ich die Leiden anderer Lebewesen auf mich genommen und meinen Körper, meine Umgebung, meinen Besitz und meinen Verdienst anderen gewidmet. Aufgrund dieser Praxis erhalte ich jetzt die Hindernisse, das negative Karma und die Leiden der Lebewesen. Nun zeigt sich der Erfolg meiner Übung." Solche Gedanken machen dich froh.

Pabongka Dechen Nyingpo sprach einmal darüber, wie man denken solle, wenn eine Krankheit sich ständig verschlechtert: „Diese Krankheit ist ein Anzeichen für den Erfolg meiner Tong-Len-Praxis. Indem ich meine Probleme für die Tong-Len-Praxis genutzt habe, habe ich grenzenlosen Verdienst, die Ursache von Glück, angesammelt und habe sehr viel Negatives bereinigt. Wäre diese Krankheit beendet, hätte ich keine Gelegenheit, Dharma zu praktizieren. Ich hätte nicht die Möglichkeit, solche wirkungsvollen Mittel wie die Tong-Len-Praxis anzuwenden, durch die ich so viel Verdienst ansammeln und Hindernisse bereinigen kann. Es ist mein großes Glück, daß das Problem noch nicht aufgehört hat. Ohne diese Schwierigkeit würde ich nur faul werden. Ich würde kaum Reinigungsübungen praktizieren oder irgendwelchen Verdienst ansammeln." S.H. Trijang Rinpoche sagt, daß sich deine Praxis nicht nur auf eine bestimmte Form von Leiden beziehen sollte, sondern auf ausnahmslos alle Leiden. „Ich habe alle gegenwärtigen und zukünftigen Leiden der Lebewesen erhalten – alle Leiden bis zum Ende von Samsara – und erfahre sie an deren Stelle." Und weiter: „Wie wunderbar ist es doch, daß ich wirklich fähig bin, jetzt die Leiden der Lebewesen auf mich zu nehmen!" Freue dich und sei glücklich! Wenn du dich in dieser Weise anderen völlig hingibst, gleicht deine Praxis der jenes Mönch-Schülers von Kunpang Drag-gyen, der durch die Praxis von Tong-Len von Lepra geheilt wurde.

Falls du Gelegenheit hast, dich zu einem intensiven Meditations-Retreat über Gedankenumwandlung zurückzuziehen, kannst du in den Pausen zwischen den Sitzungen die Drei Juwelen, die untrennbar eins mit deinem Guru sind, bitten, daß du fähig werden mögest, Leiden auf dem Mahayana-Pfad zu nutzen. Falls sich deine geistigen Fähigkeiten durch den Pfad bereits entwickelt haben, kannst du den Drei Juwelen Gaben darbringen und sie bitten, die Leiden und Probleme anderer Lebewesen auf dich nehmen zu können. Auch mit Geistern kannst du auf die gleiche Weise umgehen; du bringst ihnen Gaben dar und bittest sie, dir statt anderen Schaden zuzufügen. Du bittest sie darum, dir Krankheiten, Fehlschläge und all die anderen unerwünschten Dinge zu geben und die anderen zu verschonen. Du stellst dich zur Verfügung, um stellvertretend für die anderen Lebewesen diese schlechten Umstände zu erfahren.

In den Unterweisungen heißt es: *„Besessenheit durch Geister ist eine Erscheinungsform des Siegreichen. Leiden sind eine Manifestation der Leerheit."* Wenn dich Geister heimsuchen und du erschreckende Tag- und Nachtträume hast, betrachte die Angreifer nicht als Geister, sondern als eine Erscheinungsform des Siegreichen. Bedroht dich ein Geist, solltest du über ihn als deine Gottheit meditieren, dann ist er nicht in der Lage, dir zu schaden. Mit dieser Methode kannst du dich schützen. Wenn du Probleme als Erscheinungsformen des Siegreichen siehst, kann dein Geist sie freudig annehmen, und sie werden nicht zu Störungen für deine Praxis.

Selbst wenn du negatives Karma geschaffen hast, zum Beispiel durch den Bruch von Gelübden oder durch das Nichtbefolgen der Anweisungen deines Guru oder auch wenn dich Verblendungen völlig überwältigen, ist es möglich, Gedankenumwandlung zu praktizieren. Sage dir: „Bei meiner Praxis des Tong-Len habe ich darum gebeten, daß alle unerwünschten Dinge, die die anderen Lebewesen ansonsten erfahren müßten, bei mir heranreifen mögen. Nun habe ich sie alle bekommen und ich erlebe sie anstelle der anderen."

Bitte dann: „Laß dieses negative Karma, das ich nun erfahre, das Karma aller Lebewesen sein, die die drei Ebenen von Gelübden nicht eingehalten haben, den Anweisungen ihres Guru nicht gefolgt sind oder sich falsch ihm gegenüber verhalten haben. Solche negativen Handlungen schneiden die Wurzel der Befreiung ab und bringen all die unerwünschten Dinge im Leben der Wesen hervor. Möge ich nun die Ursachen und auch all die Resultate, Leid und Mangel, erhalten. Möge ich diese ganz allein erfahren, und mögen alle anderen Lebewesen frei von negativem Karma und allen Schwierigkeiten sein!" Wende die Gedankenumwandlung ebenfalls an, wenn du deine Verpflichtung zur täglichen Meditation nicht eingehalten hast: „Möge das Versäumen meiner Verpflichtung ein Ersatz für die Probleme aller anderen Lebewesen sein. Ich erlebe das daraus resultierende negative Karma stellvertretend für alle Lebewesen."

7
Der Herzensrat

Vertraue nicht darauf, Glück im Äußeren zu finden.
Von außen solltest du nichts erwarten,
sonst erschöpfst du dich vollkommen,
leidest ohne Ende und findest doch keine Befriedigung.

Die Kraft des guten Herzens

Im Lama-Chöpa-Ritual gibt es einen Vers zur Mahayana-Gedankenumwandlung:

> *O heiliger mitleidvoller Guru, gewähre mir deinen Segen, so daß ich fähig werde, ausnahmslos alle karmische Schuld, alle Hindernisse und alle Leiden der Lebewesen auf mich zu nehmen und meinen Körper sowie all meinen Verdienst ihnen zu widmen. Möge ich so alle Wesen zur Glückseligkeit führen.*

Es genügt, nur diesen einen Vers in jeder Situation anzuwenden – damit entwickelst du fortwährend Bodhicitta, stellst dich selbst zurück und bist für andere da.

Die Praxis von Bodhicitta ist der beste Schutz. Durch diese eine Praxis kannst du dich besser schützen, als wenn du viele Leben hindurch oder selbst hundert Äonen lang Selbstverteidigung durch Karate übst. Im einen Fall genügt diese eine Verwirklichung, die Haltung von Bodhicitta, im anderen Fall wirst du hunderte von Äonen als menschliches Wesen wiedergeboren und mußt immer wieder von neuem zu deinem Schutz Karate erlernen. Wenn du die Auswirkungen der beiden Methoden vergleichst, kannst du leicht erkennen, daß mit Bodhicitta ein weit besseres Ergebnis zu erzielen ist.

Selbst wenn dir mehr Atombomben gehören würden als die Anzahl der Atome, die es auf dieser Erde gibt, kannst du weder deine eigene Verblendung noch die Verblendung eines einzigen anderen Lebewesens zerstören. Solange du nicht deinen eigenen Geist und deine Einstellungen veränderst, wird es immer einen Feind geben, der dir schadet. Sogar wenn du genug Atombomben hättest, um den ganzen Himmel zu füllen, ereichst du damit nicht viel. Anstatt dir Schutz zu gewähren, schaden sie dir nur. Die Macht von so vielen Atombomben ist verschwindend gering, wenn wir sie mit der Macht eines einzigen guten Herzens vergleichen. Hätten alle Menschen in dieser Welt Bodhicitta in ihrem Geist entwickelt, gäbe es keine Gewehre, Bomben und Armeen und keine Polizei. Lama Yeshe benutzte oft ein Sprichtwort: „Ein Apfel am Tag hält den Doktor fern." Leicht umgewandelt ist es genauso wahr: „Ein gutes Herz am Tag hält den Feind fern."

Würde ein Land zum Beispiel aufhören, all seine Bemühungen in die militärische Entwicklung zu stecken und stattdessen an der Entwicklung des Geistes, des guten Herzens, arbeiten, bestünde keine Gefahr, das Land an ein anderes zu verlieren. Würde jeder einzelne in diesem Land sich darauf konzentrieren, ein gutes Herz zu entwickeln, würde es diese Bedrohung nicht geben. Aufgrund des guten Herzens würde dem Land nichts passieren.

Selbst wenn ein Land seine militärische Macht sehr stark ausgebaut hat, ist ihm der Sieg über alle anderen Länder noch lange nicht sicher. Eine Übermacht an Menschen und Maschinen garantiert noch nicht, daß ein Land immer siegt. So etwas läßt sich logisch nicht vorhersagen.

Nur wenn in einer Gesellschaft die Entwicklung des Geistes und des guten Herzens in den Mittelpunkt gestellt wird und jeder dafür die persönliche Verantwortung auf sich nimmt, stellt sich Erfolg ein. Wenn darauf allerdings kein Wert gelegt wird, hat das all die anderen Probleme zur Folge.

Man sollte, anstatt Millionen und Abermillionen von Dollars für das Militär auszugeben, dieses Geld für die Menschen verwenden.

Dann könnte von öffentlicher Seite sehr viel mehr Hilfe angeboten werden. Viele Probleme der Menschen in diesem Land könnten durch dieses Geld gelöst werden und ihr Leben würde um vieles einfacher.

Diese Dinge lassen sich gut bei den Chinesen in Tibet beobachten. In China selbst war ich noch nicht, allerdings war ich zweimal in Tibet. Wenn man das Land bereist, hat man den Eindruck, daß die Chinesen mit allen Mitteln ihre militärische Macht festigen wollen. Ihre Bemühungen erinnern mich an eine Person, die intensiv über Lamrim meditiert und sich in all ihren Handlungen um die Verwirklichungen bemüht. Ganz gleich, ob sie ißt, trinkt oder ihre Kleidung anlegt – alles zielt darauf ab, zum Wohle der Lebewesen die Erleuchtung zu erlangen. Sie tut alles, um ihren Geist zu entwikkeln. In Tibet dagegen scheint alles auf den Ausbau militärischer Macht ausgerichtet zu sein. Mit Ausnahme des Baus einiger großer Luxushotels für die Touristen scheinen sich dort alle Bemühungen auf das Militär zu konzentrieren. Die Berge, die Schönheit und die gesamte Eigenart des Ortes werden benutzt, um die Macht der Armee zu festigen. Man braucht Macht, um andere zu unterdrükken; das Glück der Menschen dort bleibt dabei allerdings auf der Strecke. Alle Kräfte werden darauf konzentriert, andere zu besiegen – Glück läßt sich dadurch jedoch nicht erlangen.

Es gibt eine chinesische Stadt namens Xining auf dem Weg nach Amdo, in der Nähe des Klosters von Kumbum, dem Geburtsort von Lama Tsong Khapa. Wenn du die Menschen dieser Stadt betrachtest, kannst du in ihren Gesichtern keinen glücklichen Ausdruck entdecken. Während meines Aufenthaltes dort sah ich nur unglückliche Chinesen. Wenn man zu solchen Orten reist und diese Menschen sieht, kann man wirklich nur zu dem Schluß kommen, daß auch nicht einer von ihnen glücklich ist.

Der Nutzen der Mahayana-Gedankenumwandlung

Wenn du dich entschlossen hast, die Mahayana-Gedankenumwandlung zu praktizieren und somit Glück und Leiden auf dem Mahayana-Pfad zu nutzen, indem du dich für andere Lebewesen einsetzt, dich selbst vollständig zurückstellst und die Leiden der anderen auf dich nimmst, beginnt das wirkliche Glück. Wenn du dein Leben gegen den eigennützigen Gedanken lebst, bist du immer glücklich. Ganz gleich, was passiert, wie sich die Lebensumstände auch ändern – du fühlst dich wohl.

Durch das Üben der Mahayana-Gedankenumwandlung wird dein Geist sehr weich und leicht, und du entwickelst ein gutes Herz. Dann bist du nicht mehr so leicht aus der Ruhe zu bringen und andere fühlen sich in deiner Gesellschaft wohl. Aus tiefstem Herzen fühlst du dich glücklich und mutig. Tag und Nacht und an allen Orten bist du glücklich und voller Vertrauen. Es gibt keine Hindernisse für deine Dharmapraxis, und alle schlechten Umstände erscheinen dir als verheißungsvoll. Alles wird für dich zu einem guten Zeichen, und dein Geist ist stets zufrieden, voller Freude und Frieden.

In einer degenerierten Zeit wie der unseren gibt es keine bessere Rüstung, keinen besseren Schutz als die Praxis der Gedankenumwandlung. Wenn du sie anwendest und dich nicht mehr ärgerst, wirst du ganz plötzlich von deinen Problemen erlöst – wie eine Armee, die ihre Waffen streckt. Es ist sogar möglich, ganz überraschend von einer schweren Krankheit zu genesen.

Kein Lebewesen oder Ding kann dir schaden, wenn du so praktizierst. Selbst wenn du stirbst, kannst du die Gedankenumwandlung und Tong-Len anwenden. Seine Heiligkeit sagt, daß eine Person, die in der Haltung der Zuwendung zu anderen sterben kann, wahrhaftig ein mitfühlender Mensch ist. Stirbst du in der Haltung der Wertschätzung anderer, bist du ein unabhängiger Mensch. Wer mit der Praxis von Tong-Len, mit dem Gedanken an Bodhicitta stirbt, kann nicht in den unteren Bereichen wiedergeboren werden. Ohne jede Schwierigkeit und ganz natürlich bist du mit dieser Praxis in der Lage, den Tod für alle Lebewesen zu erfahren. Du bist fähig, das mit vollkommener Freude im Herzen zu tun, und verweilst auf diese Weise immer im Frieden. Das ist der meditative Zustand des Bodhisattva, bei dem alle Dharmas von Seligkeit durchzogen sind.

Der Herzensrat

Weise Menschen sehen, daß alles Glück und Leid vom Geist abhängt. Suche daher dein Glück nicht im Äußeren, sondern in deinem eigenen Geist – dort liegen seine Ursachen. Wenn du Gedankenumwandlung praktizierst, besonders, wenn du versuchst, Leid auf dem Pfad zur Erleuchtung zu nutzen, wird das zu deiner eigenen Erfahrung. Solange du die Vorteile von Problemen nicht erkennst, sie nicht mit der Mahayana-Praxis in Verbindung bringst und sie nicht als Pfad nimmst, sondern nur an ihre Nachteile denkst, nennst du sie „Probleme", und sie erscheinen dir auch so. Es ist also ausschließlich dein Geist, der diese Wahrnehmung hervorbringt.

So kann man erklären, warum dein eigener Geist die Ursache von Problemen ist. Zum gleichen Ergebnis kommst du, wenn du über den Nutzen von Problemen nachdenkst und das Problem auf dem Mahayana-Pfad nutzt. Damit überwindest du den Geist, der das Problem nicht mag, und entwickelst einen Geist, der es mag. Es erscheint dir dann als etwas Nützliches und Wunderbares.

Auch jeder glückliche Moment kommt aus deinem eigenen Geist, sei es der kleine Genuß, der an einem heißen Tag entsteht, wenn ein leichter kühler Wind aufkommt, oder das höchste Glück der Erleuchtung. Alles Angenehme entsteht aus deinem Geist, deine eigene innere Fabrik hat es geschaffen. Deine Gedanken sind die Ursachen deines Glücks, daher mußt du es im Inneren suchen. Dieser Punkt ist äußerst wichtig. Der Grundgedanke der Lehren des Buddha ist: Suche dein Glück im eigenen Geist. Wie man das tut, wird bei dieser äußerst effektiven Praxis der Gedankenumwandlung besonders deutlich.

Dein Glück hängt von nichts Äußerem ab. Es hängt nicht davon ab, ob eine andere Person über dich wütend ist oder nicht oder ob jemand dich kritisiert oder nicht. Wenn jemand wütend auf dich ist, kannst du ihn oder sie mit Mitgefühl betrachten. Dadurch erkennst du, wie unerträglich und bemitleidenswert sein oder ihr Zustand ist. Es wird dir möglich, die andere Person mit liebevoller Güte zu betrachten, und du entwickelst ein warmes Gefühl ihr gegenüber, das aus tiefstem Herzen kommt. Du beginnst sogar die Schönheit in diesem Menschen wahrzunehmen, obwohl er böse auf dich ist. Durch deine Praxis der Gedankenumwandlung siehst du diese Person als unglaublich wertvoll und gütig. Sie ist das Kostbarste in deinem Leben, wertvoller als Millionen von Dollars oder Berge von Diamanten. Sie wird zum wertvollsten und gütigsten aller Lebewesen.

Welchen Schaden dir eine andere Person durch ihren Körper, ihre Sprache oder ihren Geist auch zufügt – aus deiner Sicht sind die von ihr erzeugten Schwierigkeiten von unschätzbarem Nutzen für die Entwicklung deines Geistes. Dir erscheint die Situation als etwas äußerst Erfreuliches, als etwas, was dich glücklich macht. Du erkennst deutlich, daß Glück allein aus deinem eigenen Geist kommt und nicht davon abhängt, wie andere sich verhalten oder was sie von dir denken. Was du als Problem betrachtest, kommt aus deinem eigenen Geist; was für dich zu etwas Erfreulichem und Nützlichem wird, kommt auch aus deinem Geist. Glück hängt nicht von irgendetwas Äußerem ab.

Narren suchen Glück im Äußeren, eilen umher und sind ständig mit ihren Erwartungen beschäftigt. Solange du Glück außen suchst, wirst du keinen Frieden und keine Zufriedenheit finden, und es wird immer Probleme geben. Du schaffst es nie, alles zu tun, was du tun möchtest und bist unfähig, die Dinge klar zu beurteilen oder richtig einzuschätzen. Unablässig häufen sich die Probleme. Auch durch Feinde und Diebe fühlst du dich bedroht. Es ist sehr schwierig für dich, zufrieden oder erfolgreich zu sein.

Jigme Tenpei Nyima gibt hier folgendes Beispiel: Ganz gleich, wie lange eine Krähe ein Kuckuckskind füttert oder welche Futtermengen sie ihm auch mit ihrem Schnabel gibt – der Kuckuck wird niemals zur Krähe werden. Der Kuckuck kann keine Krähe werden. Genausowenig kannst du darauf vertrauen, außerhalb von dir Glück zu finden. Erwarte nichts von außen, sonst erschöpfst du dich vollkommen, leidest ohne Ende und findest doch keine Befriedigung.

Der Text von Jigme Tenpei Nyima schließt mit den Worten: „Dies ist mein Herzensrat. Hundert wichtige Dinge sind hier auf einen Punkt gebracht." Viele hundert Anweisungen zur Praxis des Dharma in deinem Leben sind in dieser einen Anweisung zusammengefaßt, in der beschrieben wird, wie man Glück und Leiden auf dem Mahayana-Pfad nutzt.

Vielleicht waren diese Unterweisungen nichts Neues für dich. Wenn du diese Ratschläge jedoch in die Praxis umsetzt, wirst du sofort erkennen, wie nützlich sie sind. Wenn du nicht versuchst, diese Unterweisungen zu praktizieren, werden deine Probleme weiter existieren, selbst wenn du eine ganze Bibliothek von Büchern über Gedankenumwandlung auswendig kannst.

Die Mahayana-Gedankenumwandlung ist die wirkungsvollste Methode zum Umwandeln der alltäglichen Probleme in Glück. Versuche sie so gut wie möglich in die Praxis umzusetzen. Das ist die Hauptsache.

ANHANG

Der Grundlagentext

Wie man Glück und Leiden in den Pfad zur Erleuchtung umwandelt

von Jigme Tenpei Nyima, dem dritten Dodrupchen Rinpoche

Verehrung dem edlen, machtvollen Avalokiteshvara, indem ich mich an seine guten Eigenschaften erinnere.

„Er erfreut sich stets am Glück der anderen und ist in tiefer Trauer, wenn sie leiden. Er hat das Große Mitgefühl vollständig verwirklicht und entsagt seinem eigenen Glück und Leid."

Ich werde hier einen Teil der Anweisungen niederlegen, in denen beschrieben wird, wie man Glück und Leid als Pfad nutzt. In der Welt sind sie ohne Preis und unentbehrliche Hilfsmittel, wenn man ein spirituelles Leben führen möchte. Sie haben zwei Teile: wie man Leiden als Pfad nimmt und wie man Glück als Pfad nimmt. Beide Punkte werden zunächst von der Seite der relativen Wahrheit her angegangen und dann von der Seite der absoluten Wahrheit.

Wie man Leiden als Pfad zur Erleuchtung benutzt

Durch relative Wahrheit

Wenn dir durch Lebewesen oder Dinge Schaden zugefügt wird und du die Gewohnheit hast, alles nur als Leiden wahrzunehmen, wird selbst das kleinste Problem zur Ursache von großem Unbehagen in deinem Geist. Das ist so, da mit der Gewohnheit jede Wahrnehmung, ganz gleich ob sie freudig oder schmerzlich ist, von Natur aus immer stärker wird. Wenn so die Kraft der Gewohnheit allmählich immer mehr zunimmt, wird nach einiger Zeit fast alles, was dir erscheint, zur Ursache dafür, daß du Unbehagen auf dich ziehst. Es gibt dann keine Gelegenheit mehr für dich, glücklich zu sein.

Wenn du nicht erkennst, daß alles davon abhängt, welche geistigen Gewohnheiten du entwickelt hast, wirst du den äußeren Objekten und Situationen allein die Schuld geben. Dann wird sich Agression und anderes negatives Karma und Leiden wie ein Lauffeuer verbreiten. Dies nennen wir: „Alle Erscheinungen und Wahrnehmungen erstehen als Feinde".

Du solltest sehr klar verstehen, daß die Schwäche ihres unterscheidenden Gewahrseins der Grund für die Leiden der Lebewesen in diesen degenerierten Zeiten ist. Wenn wir deshalb davon sprechen, daß Feinde und Hindernisse wie Krankheiten, schädliche Einflüsse usw. uns nichts anhaben können, heißt das nicht, daß wir Krankheiten usw. einfach vertreiben können, so daß sie nie wiederkommen. Damit ist gemeint, daß sie nicht zu Hindernissen für unsere Praxis des Pfades zur Erleuchtung werden können.

Um das zu erreichen, mußt du die Haltung überwinden, die einseitig von Leiden frei zu sein wünscht und eine Haltung entwickeln, die sich freut, wenn diese Leiden entstehen.

1 *Überwinde die Haltung, die einseitig von Leiden frei zu sein wünscht!*

Überzeuge dich immer wieder davon, wie sinnlos und was für ein großer Fehler es ist, einseitig von Leiden frei sein zu wollen, und wieviel Angst es erzeugt, sie abzulehnen. Gleichzeitig solltest du immer wieder denken: „Von jetzt an werde ich keine Angst mehr haben – ganz gleich, welchen Leiden ich ausgesetzt bin". Durch diese Übung wirst du immer mutiger werden.

a) Es ist sinnlos, Leiden als etwas Schädliches und Unerwünschtes zu betrachten.

Wenn du etwas dafür tun kannst, ein Problem zu lösen, brauchst du nicht unglücklich darüber zu sein. Wenn du nichts tun kannst, hilft es auch nichts, wenn du darüber verzweifelst.

b) Es ist sehr schädlich, Leiden als etwas Ungünstiges zu sehen.

Wenn du keine Angst hast, kann deine Geistesstärke dir helfen, sogar großes Leid gut zu ertragen. Es erscheint dir so leicht und substanzlos wie ein Wattebausch. Aufgrund deiner Ängstlichkeit stehst du jedoch unaufhörlich unter dem Druck deines unglücklichen Geistes – dann erscheinen dir selbst kleine Probleme als etwas absolut Unerträgliches.

Hier ist ein Beispiel: Wenn du an eine schöne Frau oder einen schönen Mann denkst und dabei versuchst, dich von deinem Verlangen und deiner Anhaftung zu befreien, wird dies nur zu deiner völligen Erschöpfung führen. Ähnlich ist es, wenn du dich intensiv auf die schmerzliche Seite deiner Probleme konzentrierst – du wirst dann nicht fähig sein, Duldsamkeit zu entwickeln. Wie in den Anweisungen über das „Versiegeln der Sinnestore“ ausgeführt, solltest du dich nicht auf das Leiden und seine Merkmale konzentrieren, sondern dich daran gewöhnen, das Bewußtsein nach Hause zu bringen, wo es hingehört, und es in seinem natürlichen Zustand zur Ruhe kommen zu lassen.

2 *Entwickle eine Haltung der Freude, wenn Leiden entsteht!*

Entwickle Freude, indem du Leiden als Hilfe auf dem Pfad ansiehst! Wenn Leiden entsteht, solltest du eine heilsame Übung anwenden, die deinen geistigen Fähigkeiten entspricht. Es ist schwierig, erfolgreich zu sein, wenn du nur ganz allgemein über das

Prinzip nachdenkst, daß Probleme in gewisser Weise durch eine spirituelle Methode auf dem Pfad nutzbar gemacht werden können. Die Frucht deiner Praxis ist dann weiter entfernt als die Erde vom Himmel. Benutze dein Leiden daher als Grundlage für die folgenden Übungen!

a) Benutze dein Leiden, um dich von Samsara abzuwenden!

Denke: „Solange ich machtlos im Samsara umherwandere, ist das Leiden, das mir widerfährt, nichts Ungerechtes, sondern die Natur von Samsara selbst." Denke darüber nach, wie schwierig es für dich ist, die kleinen Leiden der glücklichen Bereiche zu ertragen – ganz zu schweigen von den Leiden der unteren Bereiche! Laß ein tiefes Gefühl der Traurigkeit und Enttäuschung in dir entstehen und denke: „O weh, Samsara ist ein endloser Ozean des Leidens ohne Grund!". Richte deinen Geist so auf die Befreiung aus!

b) Benutze Leiden, um dich in der Zufluchtnahme zu üben!

Denke: „Die Drei Juwelen, Buddha, Dharma und Sangha, bieten die einzige untrügerische Zuflucht vor den unablässigen Leiden und den Ängsten, die all meine Leben durchziehen. Daher muß ich ihnen in jeder Hinsicht vertrauen und niemals von ihnen ablassen, ganz gleich, was geschieht." Entwickle diese feste Überzeugung und nimm Zuflucht.

c) Benutze Leiden, um deinen Stolz zu überwinden!

Werde dir bewußt, daß du keinerlei Freiheit besitzt und stets vom Leiden kontrolliert wirst! Entscheide dich, deinem Hochmut und Stolz und deiner Verachtung anderen gegenüber ein Ende zu machen, denn sie zerstören allen Verdienst!

d) Benutze Leiden, um deine negativen Handlungen zu bereinigen!

Alle Leiden, die du jemals erfahren hast, und noch unvorstellbar schwerere Formen von Leiden kommen ausnahmslos von deinen negativen Handlungen.

Daher denke sorgfältig über folgende vier Punkte nach:

- die Unfehlbarkeit von Karma, das Gesetz von Ursache und Wirkung
- die Tendenz von Karma, sich zu vervielfachen
- das Resultat einer Handlung kann nicht erfahren werden, wenn du sie nicht ausgeführt hast
- einmal geschaffenes Karma geht nicht verloren

Denke darüber nach, daß du den Ursachen des Leidens, nämlich unheilsamen Handlungen, entsagen mußt, wenn du kein Leiden erfahren möchtest! Bekenne und reinige alle negativen Handlungen, die du in der Vergangenheit begangen hast, mit Hilfe der „vier Kräfte" und fasse den festen Entschluß, nie mehr so zu handeln!

e) Benutze Leiden, um dich an heilsamem Tun zu erfreuen!

Erkenne, daß du dich anstrengen mußt, die Ursachen für Glück zu schaffen, wenn du wirklich Glück – also das Gegenteil von Leiden – erfahren möchtest! Die Ursachen für Glück sind heilsame Handlungen. Denke tief und lange darüber nach, was du tun kannst, um Heilsames zu mehren!

f) Benutze Leiden, um Mitgefühl zu entwickeln!

Denke darüber nach, daß alle anderen Lebewesen unter dem gleichen – oder sogar noch größerem – Leidensdruck stehen wie du! Denke: „Wie gut wäre es, wenn sie auch von ihren Leiden frei wären." Auf diese Weise wirst du verstehen, wie man liebevolle Güte – die Absicht anderen zu helfen, die kein Glück besitzen – entwickelt.

g) Benutze Leiden für die Meditation darüber, daß andere wertvoller sind als du!

Du bist bis heute nur deshalb noch nicht von allem Leiden befreit, weil du dich seit anfangloser Zeit über alle anderen gestellt hast. Daher nimm dir nun vor: „Von nun an werde ich nur die anderen schätzen, denn das ist die Quelle allen Glücks und allen Verdienstes."

Es ist sehr schwer, Leiden als Pfad zu nehmen, wenn du direkt mit ihm konfrontiert bist. Daher ist es unbedingt notwendig, dich im voraus mit den Übungen vertraut zu machen, die in problematischen Situationen anzuwenden sind. Am besten ist es, die Übung anzuwenden, die dir persönlich am sinnvollsten erscheint und die dir eine klare Erfahrung vermittelt.

Es ist nicht genug, wenn Leiden für dich zu einer Hilfe auf dem Pfad wird. Du solltest leidvolle Situationen als solche anerkennen und aufgrund dieser Erkenntnis ein starkes und unerschütterliches Gefühl von Freude entwickeln. Wenn du praktizierst, was ich hier erkläre, solltest du erkennen, daß dir das Leiden, das du erfährst, eine unglaublich große Hilfe ist! Es ermöglicht dir, den stabilen Frieden und das Glück der höheren Bereiche und sogar die Befreiung zu erlangen, die so schwer zu verwirklichen ist, und in Zukunft wird es immer so weitergehen. Dann wird selbst die intensivste leidvolle Situation zu etwas höchst Erfreulichem. Sie gleicht einer Süßigkeit, die aus Zucker, Kardamon und Pfeffer gemacht ist.

Denke immer wieder gründlich darüber nach und gewöhne dich an dieses Gefühl inneren Friedens und Glücks! Wenn du das tust, macht der Überfluß an Glück in deinem Geist das Leiden der Sinne zu etwas kaum mehr Wahrnehmbaren.

Wenn der Geist durch Leiden nicht mehr gestört werden kann, ist das ein Zeichen dafür, daß Krankeit durch die Praxis der Geduld überwunden wurde. Das gleiche gilt auch in bezug auf andere Dinge, zum Beispiel Feinde oder schädliche Geister.

Ich habe es bereits erwähnt: Die Haltung umzuwandeln, die Leiden nicht erfahren möchte, ist die Grundlage dafür, Leiden zum Pfad werden zu lassen. Solange du dich entmutigen läßt und dein Geist von Angst aus dem Gleichgewicht gebracht wird, ist es unmöglich, Leiden als Pfad zu nehmen. Wenn du dich darin übst, Leiden wirklich zu deinem Pfad zu machen, stärkt dies auch deine Fähigkeit, glücklich zu sein. Als Resultat deiner Erfahrungen mit der Praxis der Umwandlung von Leiden wirst du immer heiterer.

Es wird gesagt: „ Wenn du zunächst mit kleinen Leiden und Problemen übst, also mit kleinen, einfachen Schritten beginnst, wirst du irgendwann fähig, selbst mit den größten Schwierigkeiten umzugehen." Du solltest so an die Sache herangehen, denn es ist extrem schwierig, eine gültige Erfahrung von etwas zu haben, was über den Horizont deines eigenen Geistes hinausgeht.

Bitte zwischen den Meditationssitzungen den Lama und die Drei Juwelen, fähig zu werden, Leiden zum Pfad zu machen. Wenn dein Geist schon etwas gefestigter ist, kannst du den Drei Juwelen und den negativen Kräften Opfergaben darbringen und darauf bestehen, daß sie dich in schwierige Situationen bringen, so daß du daran arbeiten kannst, die Kraft deiner Praxis zu stärken. Du solltest dabei immer eine tiefe, vertrauensvolle Haltung von Freude und Heiterkeit bewahren.

Wenn du mit dieser Übung beginnst, ist es äußerst wichtig, dich, während du praktizierst, von Geschäftigkeit und Ablenkungen fernzuhalten. Wenn du dich dem geschäftigen Leben aussetzt, könntest du unter den Einfluß von fehlgeleiteten Freunden geraten, die dich fragen: „Wie kannst du dir nur all dies Leid und diese Demütigungen gefallen lassen?" Du machst dir viele Sorgen wegen deiner Feinde, Verwandten und Besitztümer; das trübt dein Gewahrsein und dein Geist wird in Unruhe versetzt, bis er völlig außer Kontrolle gerät und du in schlechte Gewohnheiten verfällst. Außerdem wirst du dich in allerlei Ablenkungen verlieren.

An einem einsamen Meditationsort, wo es all diese Dinge nicht gibt, wirst du klares Gewahrsein entwickeln und es wird dir leicht fallen, deinen Geist zur Ruhe kommen zu lassen und dich zu konzentrieren. Das ist auch der Grund, warum die Praktizierenden des Chöd am Anfang ihrer Praxis des „Unterdrückens von Leiden" auf Friedhöfen und anderen wilden und verlassenen Orten die illusionären Manifestationen von Göttern und Dämonen herbeirufen. Sie behalten sich die Übung, bei der sie inmitten ablenkender Umstände mit den Verletzungen durch menschliche Wesen umgehen, für spätere Zeiten vor, wenn ihr Geist stärker geworden ist.

Um das Gesagte noch einmal zusammenzufassen: Damit dein Geist von schwierigen Sitatuationen und Leiden nicht mehr beinflußt werden kann und darüber hinaus fähig wird, aufgrund dieser Dinge Glück und geistigen Frieden zu entwickeln, solltest du die Haltung aufgeben, Dinge nicht zu mögen, die dich von innen her stören, wie Krankeit und dergleichen, oder Dinge, die dich von außen her stören, wie Feinde, Geister oder verleumderisches Gerede. Gewöhne dich stattdessen daran, diese Dinge als etwas Angenehmes und Erfreuliches zu sehen. Um das tun zu können, mußt du damit aufhören, gefährliche oder beängstigende Situationen als etwas Falsches zu sehen. Konzentriere dich mit all deiner Energie darauf, sie als nützlich, wertvoll und positiv zu betrachten.

Ob dir etwas als angenehm erscheint oder nicht, hängt ausschließlich davon ab, wie dein Geist es auffaßt. Wenn jemand zum Beispiel immer wieder über die Fehler weltlicher Ablenkungen und Vergnügungen nachdenkt, wird er nur mit mehr Überdruß reagieren, wenn sich sein Reichtum oder seine Gefolgschaft vergrößert. Wenn jemand andererseits all diese weltlichen Dinge als etwas Nützliches ansieht, wird er sogar danach streben, seinen Wohlstand zu vermehren und einen höheren gesellschaftlichen Status zu erlangen.

Mit dieser Art von Übung

- wird dein Geist und Charakter sanft und biegsam
- entwickelst du Weitsicht und Offenheit
- werden sich andere in deiner Gesellschaft wohlfühlen
- wirst du mutiger und vertrauensvoller

- wirst du keine Hindernisse bei der Praxis antreffen
- werden alle negativen Umstände zu etwas Hervorragendem und Glückverheißendem
- wird dein Geist stets von der Glückseligkeit des Friedens durchzogen sein

Wenn du den Pfad zur Erleuchtung in diesem dunklen Zeitalter praktizieren möchtest, brauchst du solch eine Rüstung. Wenn du nicht mehr unter Angst leidest, werden sich alle anderen Probleme auflösen wie Waffen, die Soldaten aus den Händen fallen. Sogar Krankheiten werden ganz von selbst verschwinden.

Die Heiligen der Vergangenheit sagten: „Wenn dich kein Umstand betrübt oder unzufrieden machen kann, wird dein Geist durch nichts aus dem Gleichgewicht gebracht. Wenn dein Geist ruhig bleibt, werden auch die innern Winde (rLung) nicht aus dem Gleichgewicht gebracht. Das bewirkt, daß auch die anderen Elemente des Körpers nicht gestört werden. Daher bleibt dein Geist wiederum im Gleichgewicht, und das Rad beständigen Glücks dreht sich für dich." Oder: „Vögel greifen mit Vorliebe Pferde und Esel mit Wunden auf dem Rücken an. Genauso machen negative Geister Menschen zu ihren Opfern, die immer Angst haben; sie finden es sehr schwierig, Menschen zu schaden, die gefestigt und voller Vertrauen sind."

Weise Menschen erkennen, daß Glück und Leid einzig von ihrem eigenen Geist abhängen, und suchen dort nach Glück und Frieden. Die Ursachen von Glück liegen einzig im eigenen Geist und hängen von nichts Äußerem ab. Es gibt nichts und niemanden, dem durch Lebewesen oder irgend etwas anderes Schaden zugefügt werden könnte. Das gilt sogar für die Stunde des Todes, in der große Angst und viel Leid entstehen können. Zu allen Zeiten bleibst du frei. So verwirklichst du das „Samadhi der Bodhisattvas, in dem alle Phänomene von Glück durchzogen sind."

Narren jagen äußeren Objekten nach und hoffen, ihr Glück auf diese Art zu finden. Aber welche Art von Glück sie auch finden, sei es groß oder klein, am Ende gleicht alles dem Sprichwort: „Andere haben dich in der Hand – dein Haar hat sich in einem Baum verfangen." Ein Fehlschlag jagt den anderen; die Dinge funktionieren nicht so, wie du erwartet hast; du bringst keine Sache zu Ende und beurteilst die Dinge falsch. Feinde und Diebe haben ein leichtes Spiel, wenn sie dir schaden wollen; jede kleinste Kritik kann dich vom Glück trennen, und du wirst sehr launisch. Ganz gleich, wie lange sich eine Krähe um einen kleinen Kuckuck kümmert, sie kann aus ihm nie eine Krähe machen. So gibt es nichts, was für die Götter nicht ermüdend, für die bösen Geister nicht elend und für dich nicht leidvoll wäre.

In dieser essentialisierten Anweisung fließen hundert verschiedene Punkte ein. Es gibt viele andere Methoden, mit Hilfe derer wir Leiden und Schwierigkeiten annehmen können, während wir den Pfad praktizieren. Es gibt auch viele andere geheime Unterweisungen, durch die man Krankheiten und schädliche Einflüsse zum Pfad machen kann, zum Beispiel die der „Shije"-Tradition. Hier habe ich nur einen allgemeinen Überblick gegeben, der einfach zu verstehen ist. Diese Ratschläge zum Annehmen von Problemen als Pfad basieren auf den Unterweisungen von Shantideva und seiner weisen Gefolgschaft.

Durch die absolute Wahrheit

Durch logische Schlußfolgerungen, zum Beispiel durch die Widerlegung der „vier extremen Ansichten", kann man zeigen, daß es so etwas wie negative Umstände oder Leiden nicht gibt. Lasse daher deinen Geist im höchsten Frieden der Leerheit – in seinem natürlichen Zustand – ruhen. In diesem Zustand gibt es negative Umstände und Leiden nicht einmal dem Namen nach. Selbst wenn du diese Versenkung wieder verläßt, entsteht Leiden nicht mehr auf die gleiche Weise in deinem Geist wie vorher, als sie mit Furcht und Sorge einhergingen. Du kannst sie überwinden, indem du sie als hohl betrachtest und als bloße Worte.

Mehr braucht an dieser Stelle nicht gesagt werden.

Wie man Glück als Pfad zur Erleuchtung benützt

Durch relative Wahrheit

Wenn du Glück hast oder dir Objekte zufallen, die dir Glück bescheren, und du unter ihren Einfluß gerätst, entstehen Stolz, Arroganz und Faulheit – allesamt Hindernisse auf dem Pfad. Es ist sehr schwierig, sich nicht von ihnen bestimmen zu lassen. Padampa Sangye sagte: „Die Menschen können große Leiden ertragen, aber nur wenig Glück."

Denke daher von vielen Gesichtspunkten aus darüber nach, daß alles Existierende vergänglich und in der Natur des Leidens ist! Entwickle ein tiefes Gefühl der Desillusionierung in Bezug auf Samsara, und gib dir Mühe, deinen Geist nicht in Unachtsamkeit verfallen zu lassen! Denke darüber nach, daß alles Glück und alle materiellen Reichtümer, die diese Welt zu bieten hat, trivial, unbedeutend und mit allerlei Schwierigkeiten verbunden sind – selbst wenn sie einen gewissen Wert besitzen.

Buddha sagte: „Eine Person, deren Freiheit durch Leiden eingeschränkt ist, wird es schwer haben, Erleuchtung zu erlangen, einfach ist es jedoch für einen glücklichen Menschen."

Mache dir bewußt, welch großes Glück du hast, daß du Dharma unter glücklichen Umständen praktizieren kannst! Nimm dir vor, dieses Glück auf jeden Fall in Dharma umzuwandeln! Da deine Praxis des Dharma stets Frieden und Glück hervorbringt, solltest du dich darin üben, Glück und Dharma sich gegenseitig helfen zu lassen. Ansonsten wäre es, als versuchtest du Wasser in einem Holztopf zum Kochen zu bringen. Du kämst wieder da an, wo du angefangen hast.

Praktiziere den essentiellen Punkt dieser Unterweisung dadurch, daß du alles Glück, das dir widerfährt, mit Dharma in Verbindung bringst. Dies ist die Sicht von Nagarjunas „Juwelenkranz". Wenn du glücklich bist, es aber nicht erkennst, kannst du diese Empfindung nicht für deine Dharma-Praxis nutzen. Damit du nicht dein ganzes Leben damit verbringst, auf irgendein „Extra-Glück“ zu hoffen, und dich dabei in zu vielen Projekten und Aktivitäten zu verlieren, solltest du den „Nektar der Zufriedenheit“ besitzen und dich mit dem abfinden, was du bereits besitzt. Setze so diese Unterweisungen in die Praxis um.

Es gibt noch andere Methoden, mit denen man Glück zum Pfad machen kann. Sie basieren auf den Anweisungen zur Entwicklung von Bodhicitta und darauf, sich die Güte der Drei Juwelen ins Gedächtnis zu rufen. Aber an dieser Stelle reicht das Gesagte aus.

Genau wie bei der Praxis des Umwandelns von Leiden solltest du dich zur Umwandlung von Glück an einen einsamen Ort der Meditation zurückziehen. Praktiziere dort die Übungen zur Reinigung und zum Ansammeln von Verdienst eine nach der anderen.

Durch absolute Wahrheit

Du wirst verstehen, wie man Glück durch die absolute Wahrheit in den Pfad umwandelt, wenn du verstanden hast, wie man dies mit Leiden tut.

Wenn du nicht praktizierst, wenn du leidest, weil du dich zu sehr sorgst, und wenn du nicht praktizierst, wenn du glücklich bist, weil du zu sehr an dein Glück verhaftet bist, gibt es für dich keine Zeit für die Praxis. Für den Praktizierenden des Dharma gibt es daher nichts Wichtigeres und Sinnvolleres als diese Unterweisung.

Wenn du diese Übung praktizierst, ist es gleich, ob du in der Einsamkeit oder in einer Stadt lebst, ob du mit guten oder schlechten Menschen zusammen bist, ob du reich oder arm bist, glücklich oder betrübt, ob du gepriesen oder geschmäht wirst, ob man gut oder schlecht über dich spricht – du wirst keine Angst haben, daß dir diese Dinge etwas anhaben könnten. Das nennen wir „das löwengleiche Yoga“.

Ganz gleich, was du tust, dein Geist wird freudig, offen und entspannt sein. Du wirst einen reinen Charakter haben und letztendlich die Verwirklichung erlangen. Selbst wenn du körperlich in einem unreinen Land lebst, wird dein Geist den Glanz unvorstellbarer Seligkeit genießen, so wie die Bodhisattvas im Reinen Land. Es ist so, wie die hochverehrten Kadampas sagten:

> *„Wenn Glück unter Kontrolle gebracht ist*
> *Und Leiden ein Ende gefunden hat,*
> *Dann wird das dein Begleiter im Schmerz sein.*
> *Wenn du einsam bist*
> *Und wenn du krank bist, wird dies dich pflegen."*

Goldschmiede entfernen Unreinheiten aus dem Gold, indem sie es im Feuer schmelzen, und machen es biegsam, indem sie es viele Male im Wasser ausspülen. Ebenso verhält es sich mit dem Geist. Indem du Glück zu deinem Pfad machst, wird dein Geist rein und klar; dadurch wirst du mit Leichtigkeit das besondere Samadhi verwirklichen können, das es deinem Körper und Geist ermöglicht, zu erlangen, was immer du dir wünschst.

Nach meinem Verständnis ist diese Praxis allein sehr tiefgründig und wichtig, um vollendete Ethik zu entwickeln, die die Quelle alles Heilsamen ist. Daß du nicht an dein Glück verhaftet bist, schafft die Grundlage für Entsagung, und daß du dich nicht vor Leiden fürchtest, läßt deine Praxis der Ethik völlig makellos werden. Es wird gesagt: „Großzügigkeit ist die Grundlage der Ethik; Geduld macht die Ethik makellos."

Wenn du jetzt in dieser Weise übst, wirst du die höheren Pfade erlangen, und es wird dir so ergehen: „Du wirst erkennen, daß alle Phänomene wie eine Illusion sind und daß alle deine Wiedergeburten so sind, als beträtest du einen Garten. Ob gute Zeiten kommen oder schlechte, ob du reich bist oder arm, du hast keine Angst mehr vor Verblendungen und Leid."

Es gibt ein Beispiel aus dem Leben des Buddha: Bevor er die Erleuchtung erlangte, entsagte er dem Status des Weltenherrschers, so als sei dieser ein Grashalm, und lebte an den Bänken des Flusses Narainjana, ohne daß ihm die Härten seiner asketischen Übungen etwas ausmachten. Das zeigt, daß du zwischen Glück und Leid nicht unterscheiden solltest, wenn du den Nektar der Erleuchtung erlangen möchtest.

Nachdem er die Erleuchtung erlangt hatte, legten die Oberhäupter von Menschen und Göttern, bis hin zu den höchsten Bereichen, des Buddhas Füße auf ihren Scheitel, bezeugten ihm Respekt und boten ihm ihre Dienste an und alles, was er brauchte. Der Brahmane Bharadraja andererseits beschimpfte ihn und kritisierte ihn hundertmal. Die Tochter eines Brahmanen warf ihm sexuelles Fehlverhalten vor. Man sagte ihm nach, er habe im Land des Königs Agnidatta drei Monate lang von verfaultem Pferdefutter gelebt und vieles mehr. Aber sein Geist ließ sich von diesen Dingen weder im Guten noch im Schlechten beeinflussen – standhaft wie der Berg Meru, der vom Wind nicht erschüttert werden kann. Das zeigt, daß du keinerlei Unterscheidung zwischen Glück und Leid machen solltest, wenn du zum Wohle der Wesen handeln möchtest.

Nachwort

Solch eine Unterweisung sollte von den Jowo-Kadampas gegeben werden, die nach dem Motto leben: „Beschwere dich nicht, wenn Leid auf dich zukommt, und übe Entsagung, wenn glückliche Umstände entstehen!“ Aber wenn jemand wie ich diese Unterweisungen erklärt, bin ich sicher, daß selbst meine Zunge sich schämt und genug davon hat. Da ich mich selbst daran gewöhnen möchte, den „gleichen Geschmack“ in allem, was mir widerfährt – sei es Glück oder Traurigkeit, Lob oder Tadel, Gewinn oder Verlust, Ruhm oder Bedeutungslosigkeit – zu erkennen, habe ich, der alte Bettler Tenpei Nyima, dies im Wald der vielen Vögel verfaßt.

Glossar

Acht Freiheiten: Eine vollkommene menschliche Wiedergeburt ist frei von acht Dingen: von der Wiedergeburt in der Hölle, von der Wiedergeburt als Hungergeist, von der Wiedergeburt als Tier, von der Wiedergeburt als Angehöriger eines unzivilisierten Volkes, von der Wiedergeburt als langlebiger Gott, dem Dharma völlig entgegengesetzte Ansichten zu hegen, in einem dunklen Zeitalter geboren zu sein, in dem kein Buddha herabgekommen ist, mit fehlerhaften Sinnesorganen oder unvollkommenen geistigen Fähigkeiten geboren zu sein.

Acht weltliche Dharmas: Die weltlichen Belange, die im allgemeinen die Handlungen gewöhnlicher Menschen motivieren: glücklich zu sein, wenn etwas erlangt wird; unglücklich zu sein, wenn man etwas verliert; glücklich sein zu wollen; nicht unglücklich sein zu wollen; angenehme Klänge hören zu wollen; unangenehme Klänge nicht hören zu wollen; gelobt werden zu wollen; nicht kritisiert werden zu wollen.

Allesdurchdringendes Leiden: die subtilste Form der drei Arten von Leiden. Es bezieht sich auf die durch Karma und Verblendung verunreinigten fünf Skandhas.

Allwissender Geist: siehe *Erleuchtung*

Atisha (982-1054): Ein berühmter indischer buddhistischer Meister, der nach Tibet kam, um dort zur Neubelebung des

Buddhismus beizutragen. Er gilt als Begründer der Kadam-Tradition und sein Text „Lampe auf dem Pfad zur Erleuchtung“ bildet die Grundlage des Lamrim.

Befreiung: der Zustand völliger Freiheit von Samsara, Nirvana, das Ziel des Prakizierenden, der persönliche Befreiung anstrebt.

Bloße Benennung: jedes Phänomen existiert auf der relativen Ebene als bloße Benennung durch den Geist, siehe *Leerheit*.

Bodhicitta (sanskrit): Der altruistische Wunsch, die Erleuchtung zu erlangen, um alle Wesen ebenfalls dahin zu führen.

Bodhisattva (sanskrit): Ein Wesen, das Bodhicitta besitzt.

Buddha (sanskrit, tibetisch: sang gye, chom den de): Ein vollkommen erwachtes Wesen, siehe *Erleuchtung*.

Buddhadharma: siehe *Dharma*.

Buddha-Potential: Die Leerheit, die letztendliche Natur des Geistes. Aufgrund dieser Natur hat jedes Lebewesen das Potential, ein vollkommen erleuchtetes Wesen, ein Buddha, zu werden.

Chöd (tib.): wörtlich „Abschneiden“, eine rituelle Praxis zur Überwindung des Festhaltens an der Selbstexistenz der Dinge, insbesondere des Ichs, die oft auf Friedhöfen ausgeführt wird.

Daseinskreislauf: siehe *samsara*

Dharma: Die Lehren des Buddha, die Verwirklichungen im Geist der Schüler.

Drei Ebenen von Gelübden: die Gelübde der individuellen Befreiung, die Bodhisattva-Gelübde und die tantrischen Gelübde.

Drei Juwelen: Buddha, Dharma und Sangha

Eindrücke: die Samen oder Potentiale, die durch positive oder negative Handlungen von Körper, Sprache und Geist im Geistesstrom zurückgelassen werden.

Entsagung: ein Geisteszustand, in dem man sich nicht im geringsten von den angenehmen Dingen Samsaras angezogen fühlt.

Erleuchtung: Erwachen, Buddhaschaft, Allwissenheit, das letztliche Ziel der Praxis im Mahayana-Buddhismus. Sie wird erlangt, wenn alle Begrenzungen des Geistes überwunden sind und das gesamte positive Potential verwirklicht wurde. Sie ist ein

Zustand, der sich durch unbegrenztes Mitgefühl, Geschick und Weisheit auszeichnet.

Fünf Formen der Entartung: Verfall von Lebensspanne, Sicht, Verblendungen, Lebewesen und Zeit.

Fünf Kräfte: (1) die Kraft der Entschlossenheit, die Stärke einer positiven Motivation; *(2)* die Kraft der Gewöhnung, sich ständig in der Bodhicitta-Haltung zu üben; *(3)* die Kraft des weißen Samens, das Stärken von Bodhicitta; *(4)* die Kraft der Schuldzuweisung an die Selbstsucht, denn sie ist die Ursache aller Probleme; *(5)* die Kraft des Wunsches, allen Verdienst der Entwicklung von Bodhicitta zu widmen.

Geshe (tib.): Wörtlich „tugendhafter spiritueller Freund", ein Titel, der ursprünglich den großen Kadam-Meistern gegeben wurde. Heute ist dies ein der Doktorwürde vergleichbarer Titel, der Absolventen einer klösterlichen Gelug-Universität verliehen wird, nachdem sie ihre ausgedehnten Studien vollendet und bestimmte Prüfungen bestanden haben.

Kadampa Geshe (tib.): Praktizierender einer buddhistischen Tradition, die im elften Jahrhundert in Tibet entstand und auf die Lehren von Atisha zurückgeht. Kadampa Geshes sind dafür bekannt, Gedankenumwandlung zu praktizieren.

Karma (sanskrit): das Gesetz von Ursache und Wirkung; der Prozess, durch den heilsame Handlungen von Körper, Sprache und Geist zu Glück und unheilsame Handlungen zu Leid führen.

Kopan: das 1970 von Lama Yeshe und Lama Zopa Rinpoche in der Nähe von Buddhanath, Nepal, gegründete Kloster.

Kostbarer menschlicher Körper: der schwer zu erreichende menschliche Zustand, der die acht Freiheiten und zehn Ausstattungen besitzt; die ideale Voraussetzung für die Praxis des Dharma und die Verwirklichung der Erleuchtung.

Lama (tib., sanskrit: guru): Meister, wörtlich „schwer", d.h. gewichtig durch sein Dharma-Wissen.

Lama-Chöpa (tib.): auch bekannt als Guru-Puja (*sanskrit*); ein Ritual, das Gebete, Bitten und Gaben an den Lama einschließt.

Lamrim (tib.): siehe *Stufenweg zur Erleuchtung*

Lama Tsong Khapa (1357-1419): der hochverehrte Lehrer und Praktizierende, der die Gelug-Schule des tibetischen Buddhismus gründete; eine Manifestation von Manjushri, des Buddha der Weisheit.

Lawudo Höhle: die Höhle in Solu Khumbu, Nepal, in der der Lawudo Lama viele Jahre lang meditierte. Lama Zopa Rinpoche ist die anerkannte Wiedergeburt des Lawudo Lama.

Leiden des Wechsels: das, was normalerweise als Vergnügen betrachtet wird, sich aber aufgrund seiner unbeständigen Natur früher oder später wieder in Leiden verwandelt.

Leiden des Leidens: die allgemein als leidvoll anerkannten Erfahrungen von Schmerz, Unangenehmem und Unglück.

Leerheit: die Abwesenheit von Selbstexistenz. Letztendlich ist jedes Phänomen leer davon, aus sich selbst heraus, d.h. unabhängig, von seiner eigenen Seite her zu existieren.

Mahayana (sanskrit): das große Fahrzeug; der Pfad des Bodhisattva, der die Erleuchtung anstrebt, um alle anderen Lebewesen auch dahin zu führen.

Mandala: eine symbolische Opfergabe an den Buddha, bei der das gesamte Universum in reiner Form dargebracht wird.

Marpa (1012-1099): berühmter tibetischer Übersetzer, einer der Begründer der Kagyu-Schule und der Hauptlama von Milarepa.

Milarepa (1040-1123): der berühmte Yogi, Asket und Dichter, der die Erleuchtung in einem Leben erlangte; ein Mitbegründer der Kagyu-Schule.

Mudra (sanskrit): Geste

Nagarjuna: ein bedeutender indischer Gelehrter, der ungefähr 400 Jahre nach dem Dahinscheiden des Buddha lebte. Er lehrte den „Mittleren Weg", durch den die letztendliche Bedeutung der Lehren des Buddha über die Leerheit klar herausgearbeitet wurde.

Nyingma (tib.): die älteste unter den vier Schulen des tibetischen Buddhismus.

Pabongka Dechen Nyingpo (1871-1941): ein einflußreicher und mächtiger Lama der Gelug-Schule, der Hauptlama der Tutoren von Seiner Heiligkeit dem vierzehnten Dalai Lama.

Reinigung: das Beseitigen von negativem Karma und dessen Eindrücken aus dem Geist.

Samsara (sanskrit): der Daseinskreislauf; die sechs Bereiche: die unteren Bereiche von Höllenwesen, Hungergeistern und Tieren und die oberen Bereiche der Menschen, Halbgötter und Götter; der sich wiederholende Kreislauf von Tod und Wiedergeburt innerhalb der sechs Bereiche; auch die verunreinigten Skandhas der Lebewesen.

Sangha (sanskrit): das dritte Zufluchtsobjekt. Jene, die die Leerheit direkt verwirklicht haben, sind die absolute Sangha; Mönche und Nonnen stellen die relative Sangha dar. Im weiteren Sinne: alle Praktizierenden des Dharma.

Selbstexistenz: die Art und Weise, wie die Dinge zu existieren scheinen; in Wahrheit ist jedoch alles leer von Selbstexistenz.

Shantideva (685-763): ein bedeutender indischer Gelehrter und Bodhisattva, Verfasser der „Bodhicaryavatara" (Wegführer zur Lebensweise eines Bodhisattvas), einem der grundlegenden Texte des Mahayana.

Skandhas (sanskrit): Persönlichkeitsbestandteile, die Verbindung von Körper und Geist. Eine Person hat 5 Skandhas: Form, Empfindung, Erkenntnis, Bewußtsein und zusammengesetzte Faktoren.

Stufenweg zur Erleuchtung (tib.: Lamrim): Eine schrittweise Darstellung der Lehren des Buddha, die in Tibet erstmals in Atishas „Lampe auf dem Weg zur Erleuchtung" niedergelegt wurde.

Sutra (sanskrit): die exoterischen Lehrreden des Buddha, ein Text und die in ihm enthaltenen Unterweisungen und Übungen.

Tantra (sanskr.): die esoterischen Unterweisungen des Buddha, ein Text und in ihm enthaltene Unterweisungen und Übungen.

Tong-Len (tib.): „Nehmen und Geben" Eine Praxis, bei der man alle Schwierigkeiten und alles negative Karma der anderen auf sich nimmt und ihnen dafür das eigene Glück sowie den eigenen Verdienst und Besitz gibt.

Trijang Rinpoche (1901-1981): der verstorbene jüngere Tutor Seiner Heiligkeit des Dalai Lama und der Hauptlama von Lama Thubten Yeshe und Lama Thubten Zopa Rinpoche.

Untere Bereiche: die drei leidvollsten Bereiche im Daseinskreislauf; die Hölle, der Bereich der Hungergeister und der Bereich der Tiere, siehe *Samsara*.

Verblendungen: Die negativen Haltungen, die die Ursachen des Leidens sind. Die drei Hauptverblendungen sind Unwissenheit, Ärger und Anhaftung.

Verdienst: im Geist angesammelte positive Energie, die das Resultat heilsamer Handlungen von Körper, Sprache und Geist ist.

Vier Edle Wahrheiten: Das Thema der ersten Lehrrede des Buddha, Wahres Leiden, die Wahre Ursache des Leidens, das Wahre Aufhören des Leidens und der Wahre Pfad, der zur Aufhebung des Leidens führt.

Vier Gegenkräfte: Zur Reinigung negativen Karmas wendet man vier Mittel an: die Kraft der Grundlage, die Kraft des Bedauerns, die Kraft des Gegenmittels und die Kraft des Entschlusses, die Handlung nicht mehr zu tun.

Wahre Aufhebung des Leidens: die dritte der Vier Edlen Wahrheiten; der Zustand der Befreiung von Leiden und den Wahren Ursachen des Leidens.

Wahre Ursache des Leidens: die zweite der Vier Edlen Wahrheiten; Karma und Verblendung.

Wahrer Pfad: die vierte Edle Wahrheit; die Methoden der Dharma-Praxis, die die Lebewesen zur Wahren Aufhebung des Leidens führt.

Wahres Leiden: die erste Edle Wahrheit; die Tatsache, daß alle bedingte Existenz von Leid durchzogen ist.

Wandelwesen: eine andere Bezeichnung für die Lebewesen, die in den sechs Bereichen von Samsara von einer Wiedergeburt zur nächsten gehen.

Yogi (sanskrit),(männl.), Yogini (weibl.): ein/e verwirklichte/r Praktizierende/r der Meditation.

Zehn Ausstattungen: die zehn Eigenschaften einer kostbaren menschlichen Wiedergeburt; *(1)* Geburt als Mensch; *(2)* Geburt in einem Land, in dem das Dharma zur Verfügung steht; *(3)* Geburt mit intakten Organen von Körper und Geist; *(4)* Freiheit davon, die fünf extrem negativen Handlungen begangen zu haben; *(5)* Vertrauen in die Lehren des Buddha; *(6)* Geburt zu einer Zeit, in der der Buddha auf der Erde erschienen ist; *(7)* Geburt zu einer Zeit, in der die Lehren offenbahrt worden sind; *(8)* Geburt zu einer Zeit, in der die Lehren noch lebendig sind; *(9)* Geburt zu einer Zeit, in der es noch Menschen gibt, die den Lehren folgen; *(10)* Geburt zu einer Zeit, in der alle notwendigen Bedingungen für die Praxis des Dharma vorhanden sind.

Zuflucht: sich Buddha, Dharma und Sangha zuwenden, um Anleitung auf dem Pfad der Erleuchtung zu erhalten.

Literaturhinweise

Chekawa Geshe, *The Seven-Point Mind Training* in *Liberation in the Palm of Your Hand* von Pabongka Rinpoche. Boston: Wisdom Publications 1992

Dalai Lama, *Das Auge einer neuen Achtsamkeit.* München: Goldmann 1985

Dalai Lama, *Der Schlüssel zum Mittleren Weg.* Hamburg: Dharma Edition 1991

Dalai Lama, *Die Vorträge in Harvard.* Grafing: Aquamarin 1991

Dalai Lama, *Die Weisheit des Herzens.* München: Goldmann 1987

Dalai Lama, *Ein menschlicher Weg zum Weltfrieden.* Arnstorf: Diamant 1985

Dalai Lama, *Logik der Liebe.* München: Goldmann 1989

Dalai Lama, *Wege zur universellen Verantwortung.* Rheinberg: Zero 1981

Dalai Lama, *Yoga des Geistes.* Hamburg: Dharma Edition 1991

Dharmarakshita, *The Wheel of Sharp Weapons,* Übs. Geshe Dargey u.a. Dharamsala: Library of Tibetan Works and Archives 1976

Evans-Wentz, W.Y., *Milarepa – Tibets großer Yogi.* München: Barth, 1971

Hopkins, Jeffrey, *Der tibetische Buddhismus.* Arnstorf: Diamant 1988

Kongtrul, Jamgon, *Der große Pfad des Erwachens.* Zürich: Theseus 1989

Landaw, Jonathan und Janet Brooke, *Prinz Siddharta.* Arnstorf: Diamant 1984

Mackenzie, Vicki, *Die Wiedergeburt.* München: Goldmann 1991

McDonald, Kathleen, *Wege zur Meditation.* Arnstorf: Diamant 1986

Pabongka Rinpoche, *Liberation in the Palm of Your Hand.* Boston: Wisdom Publications 1991

Rabten Geshe und Geshe Ngawang Dhargyey, *Advice from a Spiritual Friend.* London: Wisdom Publications 1984

Rabten Geshe, *Essenz der Weisheit.* Hamburg: Dharma Edition 1990

Santideva, *Eintritt in das Leben zur Erleuchtung* (*Bodhicaryavatara*). München: Diederichs 1989

Trijang Dorje Chang und Geshe Lam-Rimpa, *The Direct and Unmistaken Method,* zusammengestellt und übersetzt von Lama Thubten Zopa Rinpoche. Boston: Wisdom Publications 1991

Tsongkapa, *The Principal Teachings of Buddhism.* New Jersey: Mahayana Sutra and Tantra Press 1988

Wangchen, Geshe Namgyal, *Awakening the Mind of Enlightenment.* Boston: Wisdom Publications 1987

Wangyal Geshe, *Tibetische Meditationen.* Zürich: Theseus 1985

Yeshe, Lama Thubten, *Bodhicitta.* Arnstorf: Aryatara Schriftenreihe 1983

Yeshe, Lama Thubten, *Entsagung.* Arnstorf: Aryatara Schriftenreihe 1983

Yeshe, Lama Thubten, *Diamantwasser 2.* Rheinberg: Zero 1983

Yeshe, Lama Thubten, *Wege zur Glückseligkeit.* Arnstorf: Diamant 1988

Yeshe, Lama Thubten, *Weihnachten.* Zürich: Theseus 1979

Zopa, Lama Thubten, *Bodhicitta.* Arnstorf: Aryatara Schriftenreihe 1983

Zopa, Lama Thubten, *Praxis.* Arnstorf: Aryatara Schriftenreihe 1986

Der Diamant Verlag

entstand aus der Arbeit im tibetisch-buddhistischen Meditationszentrum ARYATARA INSTITUT e. V. Er ist Mitglied in der Stiftung zur Erhaltung der Mahayana-Tradition (FPMT), einem Zusammenschluß von etwa 60 Meditations-, Studien- und Retreatzentren rund um den Erdball, die unter der Leitung von Lama Thubten Zopa Rinpoche stehen.

Wir informieren Sie gerne über die Arbeit in unseren Zentren in München und Niederbayern.

Diamant Verlag für buddhistische Literatur
Holzhamer Straße 5
94424 Arnstorf
Telefon 08723-2396, Fax 08723-37 68

Weitere Titel aus unserem Programm

S.H. XIV. Dalai Lama

Ein menschlicher Weg zum Weltfrieden

1985, 1988, 1992, 24 S., DM 5.90, ISBN 3-924045-05-4

John F. Avedon

Ein Interview mit dem Dalai Lama

2. Aufl. 1985, 90 S., DM 6.- (Sonderpreis), ISBN 3-924045-00-3

Lama Thubten Yeshe

Wege zur Glückseligkeit

Einführung in Tantra

1988, Überarb. Neuaufl. 1993, 220 S., DM 29.80, ISBN 3-924045-06-2

Kathleen McDonald

Wege zur Meditation

Eine praktische Anleitung

1986, 256 S., DM 26.80, ISBN 3-924045-04-6

Jeffrey Hopkins

Der tibetische Buddhismus

Sutra und Tantra

1988, 220 S., DM 26.80, ISBN 3-924045-07-0

Prinz Siddharta, das Leben des Buddha

erzählt von Jonathan Landaw,

mit 62 Farbaquarellen von Janet Brooke

1984, 1988, 1992, 150 S., DM 35.-, ISBN 3-924045-05-4

Ayya Khema

Der Pfad zum Herzen

zur Verwirklichung der Buddha-Lehre

1990, 120 S., DM 19.80, ISBN 3-924045-09-7